Marias Botschaft der Hoffnung

Annie Kirkwood

Marias Botschaft der Hoffnung

ch. falk verlag

Aus dem Amerikanischen
von Dorothee von der Weppen

deutsche Erstveröffentlichung

Umschlaggestaltung: Lito A. Castro und Josef Nysten-Riess

Satz: Plejaden Publishing Service, Boltersen
Druck: F. Steinmeier, Nördlingen

Printed in Germany
ISBN 3-89568-028-1

Widmung

Dieses Buch ist
Nancy und Paul Clemens
gewidmet
und allen Lesern von
Marias Botschaft an die Welt.

Inhaltsverzeichnis

Einführung

SEIT 1987 hatte ich Visionen von Maria, der Mutter von Jesus. Das geschah ganz unerwartet, da ich nie an Maria dachte, außer zu Weihnachten. Sie kam mit einer sehr ungewöhnlichen Bitte, die eigentlich gar keine Bitte war, sondern mehr ein sanftes Drängen. Ich dachte, sie unterliege einem Irrtum, ausgerechnet mit mir in Verbindung zu treten. Ich war nicht katholisch, und ich hatte auch nicht im geringsten die Absicht, es zu werden. Ich war Krankenschwester, und es schien mir, als machte sie denselben Fehler, den die Nonnen in dem katholischen Schwesternheim immer und immer wieder gemacht hatten. Sie verwechselten mich mit meiner Freundin Marty. Marty ist katholisch. Ich vermutete also, daß es Maria genauso erging.

Doch sie ließ mich sehr bald wissen, daß sie sich nicht geirrt hatte; sie wußte, wer ich war, und hatte *mich* ausgewählt. Ihre Worte, „Ich wähle aus, und ich wähle dich", ließen mich einfach nicht mehr los. Wofür war ich auserwählt worden? Warum ich? Wie sollte ich irgend jemanden davon überzeugen, daß so etwas ausgerechnet mir geschah? Da war so vieles, über das ich nachdenken mußte. –

Mit der Zeit wurde mir auch mitgeteilt, daß ich auserwählt worden war, Empfänger einer Botschaft zu sein, die hinaus in die Welt getragen werden würde. Nachdem ich alles versucht hatte, was ich konnte, um Maria davon zu überzeugen, daß ich nicht die richtige dafür war, stimmte ich schließlich zu, die Worte niederzuschreiben, aus denen letztendlich das Buch *Marias Botschaft an die Welt* entstand. Dann wurde das Buch verlegt und herausgegeben. Die Botschaft erreichte die Welt. Ich war frei. Ich konnte mein Leben wieder aufnehmen, so wie ich es gelebt hatte, bevor Maria in mein Leben trat. Ja wirklich, aus irgendeinem unerfindlichen Grund meinte ich, ich könne zu meinem einfacheren Leben zurückkehren. Erst viel später machte ich mir klar, daß ich gar nicht zu dieser Art von Lebensführung zurück wollte, selbst dann nicht, wenn ich es gekonnt hätte. Es hatten große Veränderungen in mir stattgefunden – meine Art zu denken, meine Fähigkeiten, meine Hoffnungen und Bedürfnisse waren anders als zuvor. Heute kommt es mir vollkommen absurd vor, daß ich jemals zurück wollte zu einer Lebensweise, die erfüllt war von Furcht und Zorn. Aber zu der Zeit war ich felsenfest entschlossen, daß ich die Fäden meines Alltagslebens wieder aufnehmen würde, und daß nichts anders war als vorher.

Bald nachdem *Marias Botschaft an die Welt* im Jahre 1991 veröffentlicht worden war, begann ich wieder Maria zu hören, die mir sagte, sie wollte weitere Botschaften an die Leser des Buches senden. Sie sagte: „Sie brauchen Ermutigung." Ich versuchte, die innere Botschaft zu ignorieren, aber Maria war hartnäckig. Ich war so sicher gewesen, daß ich meine Arbeit mit ihr abgeschlossen hatte! Und wie sollten wir den Lesern diese Botschaften vermitteln? Wer würde sie wissen lassen, daß es neue gab? Wie sollte ich frei sein, mein Leben zu leben, wenn ich weiter mit Maria arbeitete? Dies konnte sogar bedeuten, daß ich bekannter werden würde, und das wollte ich nicht. Aber ich konnte Marias liebender Gegenwart und ihrer liebevollen Ermutigung nicht widerstehen. Ich spürte, daß es einen Weg für mich geben mußte, im Hintergrund zu bleiben und doch zu tun, worum sie mich bat.

Eine Möglichkeit, die mein Mann und ich sahen, um zu erfüllen, was Mutter Maria von uns erwartete, war die eines Nachrichtenbriefes. In den frühen 80ern hatte Byron*, mein Mann, einen Nachrichtenbrief für die damals noch in den Anfängen befindliche Microcomputer-Industrie entwickelt. Damals gaben wir Daten ein, und ich verbrachte Stunden damit, ihm dabei zu helfen, diesen Nachrichtenbrief zusammenzustellen. Bald entwickelte sich aus dem kleinen, nur eine Seite langen Brief ein Schreiben von mehreren Seiten. Ich gab meine Arbeit als Krankenschwester auf und begann, ganztags an dem Nachrichtenbrief mitzuarbeiten. Alles machte ich, außer dem Schreiben selbst. Wir nahmen Werbung mit auf, ich machte das Layout (das war noch vor der Zeit der PC-Veröffentlichungen), und wir bewältigten auch den monatlichen Versand allein.

Dieser kleine Nachrichtenbrief nahm bald einen Großteil unserer Zeit und unseres ganzen Lebens in Anspruch. Ich wußte also aus erster Hand, wieviel Arbeit es bedeutet, einen Nachrichtenbrief herauszugeben, und ich wollte damit nichts mehr zu tun haben. Der Tag, an dem wir das ganze Nachrichtenbrief-Know-how verkauften, war einer der glücklichsten und befreiendsten meines Lebens. Ich hegte keinerlei Wunsch, jemals wieder etwas in der Art zu machen, was ich für solch eine Last und derartig harte Arbeit hielt.

Eines Tages, nach einer tiefen Meditation, sprach Mutter Maria zu mir. Es ging darum, daß sie Botschaften an „ihre

---

* Byron Kirkwood ist Annies Mann, Partner und Mit-Verfasser von *Marias Botschaft an die Welt* und *Botschaften an unsere Familie*. Byron ist Autor von *Survival Guide for the New Millennium*.

Leser“ senden wollte. Ich sagte ihr gleich, daß Byron und ich uns höchstens vorstellen konnten, einen Nachrichtenbrief herauszugeben, und ich erklärte ihr, warum mir allein der Gedanke, solch ein Unternehmen zu beginnen, höchst unangenehm war. Ich vermute, viele Leute meinen, daß es eine Sünde ist, so direkt mit Maria über meine Gefühle zu reden. Ich habe aber die Erfahrung gemacht, daß Maria sowieso immer mein Herz kennt – und meine Gedanken ebenso. Also kann ich auch gleich so ehrlich mit ihr sein wie nur möglich.

Ich konnte den Gedanken, jeden Monat einen Nachrichtenbrief zu verfassen, nicht ertragen. Maria ließ mich daraufhin wissen, daß ich ja einen Monat einen Brief verschicken und den nächsten dafür ausruhen könnte. In dem Moment, als ich dem Nachrichtenbrief zustimmte, wurde mir bewußt, daß das innere Annehmen bereits vorher stattgefunden hatte. Und allmählich glaubte ich, daß es vielleicht gar nicht so schlimm sein würde. Es mußte gar nicht in so große Arbeit ausarten, und schließlich würde es *ihr* Nachrichtenbrief sein und nicht meiner.

Ich bekam Briefe, und meine Familie und alle Freunde sagten: „Das war noch gar nichts. Warte nur, bis die Post sich türmt.“ Und ich bekam weiterhin Briefe, aber nicht zuviele, und ich habe jetzt Kontakt zu vielen liebenswürdigen Menschen in der ganzen Welt. Die Briefe erinnern mich daran, daß Mutter Marias Worte wirklich die Welt erreichen, genauso, wie sie es wünschte.

Eine Zeitlang hatte ich aufgehört, die Botschaften niederzuschreiben. Das bedeutete nicht, daß ich sie nicht erhielt, oder gar keinen Kontakt mehr zu Maria hatte. Ich schrieb eben nur keine Botschaften von Mutter Maria auf. Aber in meinem Inneren drängte sie mich, mir selbst zu erlauben, bekannt zu werden. Sie ermutigte mich immer wieder, ihre

Botschaft zu leben, so gut ich nur konnte – ihre Worte ernst zu nehmen und mein Herz und meine Gedanken zu verändern. Aber besonders sagte sie immer wieder, daß ich in der Lage sein würde, euch zu helfen, wenn ich mir selbst helfe. Wenn ich den Prozess der Suche fortsetze, um meine Verbindung zu Gott immer mehr zu festigen, würde ich gleichzeitig viele andere ermutigen. Es würde ein Geben und Nehmen sein: Wenn ich die Leser ermutigte, würde ich selbst ermutigt werden; wenn ich half und meine Erfahrungen mit Maria teilte, würde auch mir geholfen werden, und die Menschen würden ihre Erfahrungen mit mir teilen. Und genauso geschah es.

Im Februar 1992 verschickten wir den ersten Nachrichtenbrief, um diejenigen zu informieren, die uns geschrieben oder angerufen und darum gebeten hatten, sie über alle neuen Botschaften von Maria unterrichtet zu halten. Der erste Nachrichtenbrief ist der einzige, der keine Botschaft von Maria enthält. Eines Nachts, ich hatte meinen Brief an die Leser schon beendet, träumte ich. Im Traum fügte ich dem Nachrichtenbrief Worte hinzu. Am Morgen nach dem Traum mußte ich an die vielen erhaltenen Briefe und an die Leute denken, die mir geschrieben hatten. Wie mannigfaltig und unterschiedlich sie doch waren! Es war einfach so wunderbar, daß Mutter Marias Botschaft alle Menschen wirklich erreichte, nicht nur eine kleine Auslese oder eine kleine Gruppe von religiösen Gläubigen.

Mein Traum ergab einen Sinn. Ich spürte, daß er symbolisch für all die Menschen stand, die ihre Botschaft lasen. Es schien mir, daß wir Samen des Verständnisses und der Toleranz sind. Ich bin mir ganz sicher: wenn wir beginnen, Ihre Botschaft zu leben, dann setzt ein Heilungsprozess in der Welt ein. Wenn wir uns selbst nur sehen könnten – und jeden anderen auch –, mit von Liebe erfüllten Augen! Wenn wir zusammenkommen würden, zum gemeinsamen Gebet, worum Mutter Maria uns ja immer wieder bittet, würden wir Saaten des Verständnisses und der Toleranz in unserem Teil der Welt keimen lassen. Wir können der Welt helfen, sich in Frieden, Liebe und Hoffnung zu vereinen.

In *Marias Botschaft an die Welt*, im 5. Kapitel („Eine Botschaft an alle Familien"), bat sie uns, nicht auf unsere Unterschiede zu achten, die durch verschiedene Religionen oder Rassen verursacht sind. Sie betont nachdrücklich, daß wir endlich darauf aufmerksam werden müssen, wie sehr wir einander doch im Grunde gleichen. Sie drängt uns, jede Nation und jede Religion als Teile eines Ganzen anzusehen. Ich teilte dies in jenem ersten Nachrichtenbrief mit.

Einige Wochen später, wir arbeiteten gerade am zweiten Nachrichtenbrief, begann ich in meinem Inneren zu hören:

„Es ist Zeit, meine Botschaft an meine Leser niederzuschreiben." Ich dachte, Maria würde mir genügend Worte geben, um den ganzen Nachrichtenbrief damit zu füllen. Zu meiner Überraschung erfuhr ich jedoch, daß dem nicht so war. Byron ist immer noch derjenige, der die Dinge zusammenfügt, der dem Nachrichtenbrief Format und Layout gibt. Als Byron mir zeigte, daß eine Seite fehlte, bat ich sie, uns noch etwas mehr mitzuteilen. Aber es gab keine Anzeichen von Marias Anwesenheit, es kamen keine Worte, obwohl ich immer und immer wieder versuchte, Verbindung zu ihr aufzunehmen. Byron schlug also vor, daß ich den Lesern schreiben sollte, einfach so, wie einem Freund. Ich wußte tief in meinem Herzen, wenn ihre Botschaft lang war, dann würde ich meinen Teil des Briefes kürzen. So war es damals, und bis heute ist und bleibt es Marias Nachrichtenbrief. Sie war der Grund, damit überhaupt anzufangen, und das werde ich niemals vergessen. Maria ist es, die über das Thema und über den Zeitpunkt entscheidet, wann sie ihre Botschaft für den nächsten Brief durchgibt. Sie diktiert die Botschaft, und diese ist genauso lang, wie sie sie haben will. Wir kürzen keines ihrer Worte, und wir verändern ebensowenig die Bedeutung eines einzigen Wortes.

Wenn es an der Zeit für eine neue Botschaft ist, spüre ich Marias Anwesenheit besonders stark. Es ist fast so, als ob ich fühle, wie sie mich in die Arme nimmt, und wie ich ihren leichten Atemhauch auf meiner Stirn spüre, genau wie von einer zärtlichen Mutter. Und dann vernehme ich für gewöhnlich sehr sanft und liebevoll die Worte: „Es ist an der Zeit, eine Botschaft für meine Leser niederzuschreiben." Vor kurzem wurde mir bewußt, daß ich diese Worte nicht mehr höre, sondern daß ich jetzt in meinem Herzen die Worte vernehme: „Liebe Kinder", oder „Meine lieben Kinder", die immer und immer wiederholt werden; ich habe gleichzeitig ein starkes Empfinden ihrer liebenden Gegenwart. Maria gibt ungefähr alle sieben bis neun Wochen eine Botschaft an ihre Leser durch. Meistens schreibe ich meinen Teil des Nachrichtenbriefes gegen Ende des zweiten Monats und warte dann darauf, daß sie ihre Botschaft durchgibt.

Ich schreibe so, als ob ich mich an Menschen wende, die ich kenne, denn mittlerweile kenne ich wirklich viele der Leute, an die ich schreibe. Es ist sehr angenehm, mir ihre schönen Gesichter und die Erfahrungen in Erinnerung zu rufen, die sie mit mir geteilt haben. Schon immer fiel es mir leicht, an die Menschen als liebe Freunde zu denken, die *Marias Botschaft an die Welt* gelesen haben, weil es sehr viele wirklich sind. Ich weiß nie im voraus, wie Marias Botschaft lauten wird, und doch scheint es mir, als ob ich thematisch ihre Botschaft erfasse, wenn ich meinen Teil schreibe, ohne vorher darüber nachgedacht zu haben. Es ist fast etwas unheimlich, wie alles so gut zusammenpaßt.

Ab 1992 reiste ich zu verschiedenen Orten. Wir fügen dem Nachrichtenbrief eine Liste bei, in der Namen und Anschriften mit Telefonnummern von den Menschen stehen, die man anrufen kann, falls mehr Informationen gewünscht werden. Gerade als wir den ersten Brief herausgegeben hatten, hörte ich wieder Maria sagen: „Ich will, daß du rausgehst und zu den Leuten sprichst." Ich erstarrte bei den ersten Worten. Ich? Von zu Hause fort? ... Reisen ... Ganz allein? Auf keinen Fall! Ich könnte nirgendwo allein hingehen. Ich würde in Panik geraten. Was sollte ich sagen? Wie sollte ich überhaupt hinkommen? Wer würde davon wissen, daß ich da bin? Wie sollte ich Menschen wissen lassen, daß ich in ihrer Stadt bin? Ich konnte das nicht ... Ich könnte nie vor Leuten stehen und reden. Nein, das könnte ich nicht. Das war zu viel verlangt. Ich redete mit Maria, stritt mit ihr und stieß diese und andere Fragen hervor. Als ich Mutter Maria sagte, daß ich nicht einfach so aufstehen könnte, um zu reden, sagte sie: „Du bist vorbereitet worden." Dann erinnerten wir uns wirklich an einen Kurs von Dale Carnegie, an dem ich früher einmal teilgenommen hatte (einfach nur, um mit Byron zusammen zu sein). Ich hatte das längst vergessen, weil ich ja niemals vorhatte, ihn zu nutzen. Okay, also bin ich vorbereitet worden ... ich konnte es trotzdem nicht tun. Wie sollte ich reisen? ... Überhaupt war es viel zu teuer.

In dieser Zeit hatte Byron einen sehr gut bezahlten Job aufgegeben, weil er dachte, daß er sehr bald in der Lage sein würde, eine andere genauso wichtige Stellung mit demselben Gehalt zu finden. Er hatte sich getäuscht! Obwohl er bessere Voraussetzungen hatte als beim letzten Mal, als er eine neue Arbeit suchte, hatten sich die Verhältnisse in der Industrie geändert. Er konnte keine vergleichbare Stellung mit entsprechendem Gehalt finden. Wir rechneten unsere Ersparnisse und Anlagen durch. Ich hatte nicht genügend Geld für Benzin, Hotels, Essen, und noch viel weniger, einen geeigneten Raum einzurichten, um die Nachricht zu verbreiten.

Mutter Maria ließ mich wissen, daß ich mich nicht zu sorgen brauchte; alles, was sie von mir wollte, war meine Zustimmung. Widerwillig stimmte ich zu, aber ich hielt doch an meinen Vorbehalten fest. Sie sagte: „Ich werde die Menschen zu dir schicken. Auf diese Weise wirst du wissen, wohin du fahren sollst." Ich dachte: Oh, natürlich, die Leute werden mich einfach so anrufen, und für alles wird schon gesorgt sein. Drei Tage später erhielt ich den ersten Anruf.

Von dem Tage an, an dem Mutter Maria mich gebeten hatte, „ihre Botschaft zu leben", habe ich versucht, mein Herz zu heilen. Als ich fragte, *wie* ich denn ihre Botschaft leben solle, meinte sie: „Tu es, so gut du kannst." Das bedeutete, ich sollte meiner inneren Führung vertrauen. Der überwiegende Teil meines Heilungsprozesses geschah auf sehr öffentliche Weise. Die Menschen haben mich über Zorn und Furcht reden hören, die ich noch in meinem Herzen festhielt. Ich sprach über sexuelle Mißhandlungen in der Kindheit, und was sie an Wut und Angst für mich gebracht hatten. Ich habe von meinem eigenen Herzen gesprochen, um damit die Menschen zu ermutigen, einen Weg zu finden, lieben zu lernen, zuerst sich selbst und ihre Familie. Ich weiß, das ist nicht leicht. Für mich selbst war es äußerst schwierig, mit meinen Ängsten, wie Platzangst, Klaustrophobie und Furcht vor einfach allem, außer vor Katzen und vor der Dunkelheit, umzugehen.

Wut, Schuld, Scham und so viele andere schwächende Gefühle, von denen ich gar nicht wußte, daß sie in mir waren, wurden sehr klar aufgedeckt. Ich dachte, ich sei die letzte, die darüber reden könnte, wie man sein Herz heilt, wegen all der Dinge, die ich in meinem eigenen Herzen vorfand. Es war nicht leicht, darüber in der Öffentlichkeit zu reden. Zu Beginn sprach ich unter Tränen und mit großem Schmerz. Unglaublicherweise wurde ich aber mit Liebe nur so überschüttet. Menschen, die die gleichen Erfahrungen gemacht hatten, ließen mich wissen, daß ich sie dazu ermutigt hatte, alte Familienprobleme zu klären. Viele, besonders Frauen, die schon an ihrer eigenen inneren Heilung gearbeitet hatten, machten mir Mut, mit meinen Bemühungen fortzufahren, mein Herz zu heilen. In der Zwischenzeit habe ich viele weitere Erfahrungen gemacht, über die ich berichten kann, und die nicht mehr so schmerzhaft für mich sind.

Wir Menschen können uns verändern, und es kann uns gelingen, statt in Angst und Zorn, zufrieden und in Liebe zu leben. Die Menschen mußten wissen, daß das möglich war. Ich bin der lebende Beweis, daß jeder einzelne Liebe und Frieden in seinem Herzen finden kann. Maria sagte, daß die Menschen meine Ermutigung und Unterstützung brauchten. Ich habe das zuerst nicht verstanden. Nun weiß ich, daß es eine zweibahnige Straße ist. Wenn ich ermutige, werde ich ermutigt … wenn ich unterstütze … werde ich unterstützt … wenn ich meine Geschichte mit anderen teile … teilen die anderen ihre Geschichten mit mir; das gibt uns allen Trost. Ich habe so viele Dinge gelernt, seitdem ich mit Mutter Maria arbeite. Ich erhielt eine Lektion nach der anderen. Ich habe gelernt, daß viele meiner Glaubenshaltungen und Gedanken auf meinen Ängsten gründeten. Wenn du von einem Glauben, der in Angst und Zorn verharrt, zu einem

Glauben findest, der auf Liebe und Hoffnung gründet, geschehen wirklich Wunder.

Als menschliche Wesen schätzen oder lieben wir Dinge, die uns etwas kosten. Die Dinge und Besitztümer, die wir hochhalten, sind diejenigen, die uns auch viel kosten. Die Kosten können mit Geld, mit Tränen, Freude, Liebe oder Arbeit aufgewogen werden. Aber wir müssen geben, um das, was wir erhalten, auch wertschätzen und achten zu können. Aus diesem Grunde erheben wir eine kleine Gebühr für den Nachrichtenbrief. Der andere Grund ist offensichtlich; es kostet Geld, solch einen Nachrichtenbrief herauszugeben. Wir sind hier, um zu teilen; ich teile die Botschaften und die Information, die ich erhalte, mit den Menschen und sie teilen sich in die Kosten von Druck und Versand.

1993 erschien Byrons Buch *Survival Guide for the New Millenium* (erschienen bei Blue Dolphin). Die Leute wollten wissen, was wir praktisch tun, um uns auf die Zukunft vorzubereiten; sie wollten auch über bestimmte Artikel etwas wissen, wie zum Beispiel über Wasserfilter und Solarenergie. Als die Leute begannen, mit diesen Fragen bei uns anzurufen, bat ich Byron, die Telefongespräche entgegenzunehmen. So machte er sich Gedanken darüber, was wir vorbereiten konnten oder was wir tun würden. Er erstellte Listen und dachte sich einen Vorbereitungsplan für uns aus. Und wenn Anrufe kamen, teilte er den Leuten diese Informationen mit. Diese Listen, Pläne und Untersuchungen veranlaßten ihn dazu, sein Buch zu schreiben. Als wir immer mehr Anfragen bekamen, begann Byron, eine Seite an den Nachrichtenbrief anzufügen. Er fand Bücher und Waren, die für diejenigen von Interesse sein konnten, die sich besser auf das Kommende vorbereiten wollten. Wir brauchten eine Weile, um es selbst zu begreifen, aber es wurde bald offensichtlich, daß Byron ein Postversand-Geschäft eröffnet hatte. Dies ist nun eine unserer Tätigkeiten, mit denen wir unseren Lebensunterhalt verdienen. Byrons Blätter wurden dem vorliegenden Buch nicht beigefügt, weil dies hier Marias Botschaft ist, mit sehr wenig eigenen Worten von uns. (Die wichtigsten Artikel von Byrons Teil des Nachrichtenbriefes sind im Anhang der neuen Ausgaben von *The Survival Guide for the New Millennium* abgedruckt.)

Der Nachrichtenbrief besteht zur Zeit aus einer pinkfarbenen Seite, auf der ich an meine Freunde schreibe, und auf der Maria ihre neue Botschaft schickt, sowie einer blauen Seite, auf der Byron denselben Leuten über seine Arbeit berichtet. Er schreibt einen kurzen Kommentar über das, was er tut, oder was er an Neuem gehört und erfahren hat, und führt auf der Rückseite alle Dinge auf, die er für sinnvoll und nützlich hält, um besser vorbereitet zu sein.

Durch unser Abenteuer mit Maria habe ich viele Dinge gelernt, die mir geholfen habe, meine Ängste abzulegen und das Wirken der Menschheit zu verstehen. Ich lerne jetzt, glücklicher zu leben, indem ich mehr akzeptiere und mehr liebe. Marias zweimonatige Botschaften helfen mir bei meiner eigenen inneren Arbeit, um die ich mich täglich bemühe. Die Botschaften des Nachrichtenbriefes schenken mir Trost. Sie ermutigen mich, mein Herz immer mehr von lang gehegter Angst zu befreien, alte Verletzungen loszulassen, auch den Zorn. Jedesmal, wenn ich eine von ihren Botschaften wieder lese, werde ich neu inspiriert. Viele Menschen haben mir gesagt, daß sie die gleichen Erfahrungen mit dem Nachrichtenbrief gemacht haben.

Wir erhalten viele Briefe von vielen Orten auf der ganzen Welt, weil das Buch *Marias Botschaft an die Welt* aufgrund der vielen Übersetzungen wirklich weltweit verbreitet ist.

Das Buch wurde ins Deusche, Französische, Spanische, Isländische, Griechische, Portugiesische, Italienische und ins Russische übersetzt. Die Menschen, die uns geschrieben haben, sagen uns, wie sehr sie Marias Worte des Trostes und der Liebe in jedem Nachrichtenbrief schätzen. Sie ruft uns alle dazu auf, unser Selbst besser wahrzunehmen, unseren Wert schätzen zu lernen und unsere Selbstachtung zu finden. Sie will, daß die Menschen dieser Welt lernen, daß Liebe die Antwort, und daß die Hoffnung allgegenwärtig ist.

Dieses Buch, *Marias Botschaft der Hoffnung,* ist die Zusammenstellung der Botschaften, die Maria uns für den Nachrichtenbrief seit April 1992 durchgegeben hat. Durch diese Botschaften haben viele Menschen zu der Liebe gefunden, die Maria für uns alle empfindet. Sie unterweist wirklich mit Güte, gibt uns Trost; vor allem aber erfüllt sie unsere Herzen mit Hoffnung.

Annie Kirkwood

Marias
Botschaft der
Hoffnung

1

Gott liebt

2/1992

Es hat mich einige Überwindung gekostet, mich dazu zu zwingen, mich einfach hinzusetzen und mit diesem Nachrichtenbrief zu beginnen. Meine Absicht ist es, einen Nachrichtenbrief zu verschicken, wann immer Mutter Maria mit einer Botschaft an die Leser zu mir kommt. Ich bin nicht sicher, wie oft das sein wird; für den Moment soll dies einmal der Anfang sein.

Ich habe schon seit einiger Zeit keine Botschaften mehr von Mutter Maria erhalten. Ich muß zugeben, daß dies mein Fehler ist. Ich bin schreibfaul geworden; aber ich habe meine Gebetszeiten und die Zeiten der Meditation eingehalten. Ich erhalte innerlich viele Worte, aber ich habe es versäumt, sie niederzuschreiben. Hauptsächlich sind es Worte der Ermutigung. Maria sagt, daß ich mir selbst erlauben müsse, bekannt zu werden; daß ich in der Lage sein werde, euch zu helfen, so wie ich mir selbst helfe; daß ich, wenn ich in meinem Prozess der Suche nach einer immer festeren Verbindung zu Gott fortfahre, auch viele andere dazu ermutigen werde. Auch: daß ihr mir helfen werdet, denn eins bewirkt wahrhaftig das andere.

Letzte Nacht im Schlaf träumte ich, daß ich dem Nachrichtenbrief ein paar Worte hinzufügte. Im Traum schrieb ich, daß sich ganz unterschiedliche Menschen mit unterschiedlichem religiösen Glauben durch Mutter Marias Buch zusammenfinden. Irgendwie seien wir alle Keime des Verständnisses und der Toleranz in der Welt. Am nächsten

Morgen erwachte ich mit dem Gedanken an all die Briefe, die ich erhalten hatte, und an die Menschen, die sie geschrieben hatten. Wie mannigfaltig und unterschiedlich ihr doch seid! Wie wundervoll ist es, daß Mutter Marias Botschaft wirklich alle Menschen erreicht, nicht nur einen kleinen Teil oder eine einzelne Gruppe von Gläubigen. Da ergab mein Traum einen Sinn: wir sind nämlich wirklich alle Keime des Verständnisses und der Toleranz. Ich spüre, daß wir mit einem Heilungsprozess in der Welt beginnen können. Laßt uns daher uns selbst und einander mit den Augen der Liebe sehen. Wenn wir zusammenkommen zum gemeinsamen Gebet, wie Mutter Maria es wünscht, so werden wir alle noch viel schneller ein Ganzes.

*Ich erhielt verschiedene Briefe mit Fragen an Mutter Maria. Hier sind zwei der Fragen, die gestellt wurden. Warum gibt es eine Diskrepanz zwischen dem, was mir von Maria durchgegeben wurde, und dem, was aus Jugoslawien bekannt wurde? – In diesem Brief wird erwähnt, daß Maria den Kindern Himmel und Hölle gezeigt hat. In anderen Briefen gab es Fragen zu den drei Tagen Dunkelheit. Ich stellte Mutter Maria diese Fragen. Sie antwortete uns am 4.April 1992, um 11 Uhr vormittags.**

– Annie

✧ ✧ ✧

LIEBE KINDER, hier ist Maria, die Mutter Jesu. Ich begrüße eure Fragen. Betet, ihr Lieben, betet ohne Unterlaß. Tut das immer, sendet Gedanken der Liebe und der Hoffnung allen Menschen auf der Welt. Denkt an diejenigen, die ihre Hoffnung verloren haben und an diejenigen, die keine Liebe in sich tragen.

Immer, wenn ich mit Menschen von der Erde arbeite, habe ich mit dem zu tun, was in ihren Köpfen steckt; das schließt ihren Wortschatz, ihre Ideen und Glaubensmuster mit ein.

---

* Anmerkung: Annies Einführungsbriefe zu Marias Botschaften, die ursprünglich in den Nachrichtenbriefen erschienen, wurden hier gekürzt; Aufstellungen, Unterlagen usw. sind weggelassen worden.

Mir ist nicht gestattet, irgend etwas zu zerstören, nicht einmal irrigen Glauben. Ich arbeite mit ihrer Art zu denken und damit, wie sie ihre Welt sehen. Wie ich schon früher gesagt habe, hat die Kirche meine Botschaften entstellt. Diese Menschen glauben nicht, daß das, was ich sage, der Wahrheit entspricht, wenn es nicht mit ihrem erstarrten Glaubenssystem oder der Doktrin ihrer Kirche übereinstimmt.

Ich sage den Menschen, denen ich erscheine, oder zu denen ich spreche, immer, daß *Gott liebt.* Gott liebt mehr, als ihr mit eurer menschlichen Natur begreifen könnt. Es ist eine so große Liebe! Ich sage ihnen, daß das Leben ewig ist, daß ihr selbst wählt, wie und wo ihr lebt, und wie ihr euer Leben führt. Ihr habt die vollkommene Freiheit zu wählen. Nun, so war es bisher, und so wird es wohl weiterhin sein. Wenn ich sage, ihr habt das ewige Leben, so führt das immer zu Bedingungen, die vom Bewußtsein hinzugefügt werden, um meine Worte in Übereinstimmung mit dem Glaubenssystem des Betreffenden zu bringen. Ich kann zehn Menschen sagen, daß sie das ewige Leben haben. Und, ohne es selbst zu bemerken, wird jeder von ihnen dieser Aussage seinen eigenen Glauben hinzufügen. Einer wird sagen, ja, natürlich, es gibt das ewige Leben für diejenigen unter uns, die in der Kirche getauft sind. Oder ein anderer wird denken, natürlich, es gibt das ewige Leben für diejenigen unter uns, die gut sind. Wieder ein anderer wird sagen, daß alle, die in Übereinstimmung mit Gottes Weg leben (und sie meinen damit den Weg, an den sie selbst glauben), das ewige Leben haben werden. Das wird sehr häufig unbewußt getan. Die Menschen erwarten, daß ich mit ihren Glaubensmustern vollkommen übereinstimme. Siehst du nun, wie die Unterschiede zustande kommen?

Ich zeigte den Kindern von Medjugorie, wie ihr Glauben an Himmel und Hölle ist. In diesem Teil der Welt besteht man einfach auf der Existenz von Hölle und Himmel. Die Menschen nehmen alles sehr wörtlich. Ich arbeite innerhalb ihres Glaubenssystems, sage ihnen, daß sie nicht so leiden müssen, weil Gott sie liebt. Ich habe ihnen erklärt, daß alle Menschen Kinder Gottes sind. Ich wirke mit Liebe und Nachdruck daran, alle irrigen Glaubenshaltungen zu korrigieren. Vieles von dem, was ich gesagt habe, ist verändert und ergänzt worden, manchmal ohne Absicht, und häufig mit guten Absichten. Genau wie jeder Mensch seine eigene Art hat, sich auszudrücken und seine Umwelt wahrzunehmen, drücken sie das, was ich gesagt habe, innerhalb des Rahmens ihres Glaubens und Verstehens aus.

Genau wie Jesus, als er auf der Erde weilte, bringe ich die Wahrheit. Das ist auch der Grund, warum ich zu Menschen gehe, die nicht in der Kirche sind. Ich erscheine vielen, die keiner Kirche angeschlossen sind, und vielen, die anderen Religionen angehören. Ich spreche zu allen Menschen, unabhängig von ihrem Glauben und ihrer Herkunft. Erinnert euch, daß ich sagte: „Sucht Gott in eurem Herzen und durch euren Geist, mit Aufrichtigkeit und Ernsthaftigkeit." Das ist alles, was ihr zu tun habt. Vergeßt Dogmen und Unterschiede im Glauben. Diese Dinge sind einfach nicht wesentlich. Das sind rein weltliche Themen, während ich mich an eure Spiritualität richte. Dies sind lediglich Themen, die dazu benutzt werden, zu trennen und zu verwirren. Denkt immer daran: ich brauche nicht die Bestätigung von irgendeiner Religion auf Erden, denn ich wirke, wie mein Sohn es tut, ohne den Gedanken an eine Religion oder Rasse. Ich sehe, wie sehr wir alle eins sind in der Liebe Gottes, des Vaters. Durch dieses Gefäß, Annie, bin ich in der Lage, euch Wahrheit zu vermitteln, ohne daß irgend etwas abgeändert wird. Annie arbeitet mit mir und ist willig, nur die reine Wahrheit zu empfangen.

Für diejenigen, die nicht verstanden haben, was mit den drei Tagen der Dunkelheit gemeint ist: Auf das letzte große Erdbeben, durch das die Erde außerordentlich stark bewegt und geschüttelt wird, werden drei Tage vollkommener Dunkelheit folgen. Ich sage euch das, damit ihr während dieser Zeit nichts fürchtet, sondern stark bleibt in dem Wissen, daß Gott euch liebt und dieses Ereignis nur vorübergehend ist. Die Dunkelheit wird durch Trümmerschutt und Qualm verursacht werden. Nach drei Tagen wird es wieder etwas heller, und mit jedem folgenden Tag wird mehr und mehr Sonnenlicht durchkommen. Erkennt, Kinder, daß ein Erdbeben von dieser Größe noch niemals zuvor auf der Erde stattgefunden hat. Niemals in den Milliarden von Jahren, seit dieser Planet existiert, ist jemals ein Ereignis von diesem Ausmaß geschehen.

Ein letzter Punkt: Viele Menschen auf der Erde können nicht daran glauben, daß das Leben ewig währt. Ihr habt die Freiheit zu wählen, und viele haben gewählt, irdische Leben immer und immer wieder zu leben. Das ist eine Wahrheit; es ist eine Realität. Liebe Kinder, sogar eure Zweifel sind von geringer Bedeutung, weil Glauben nicht die Voraussetzung dafür ist. Es ist jetzt an der Zeit für die Menschen, mit ihrem Schöpfer ins Reine zu kommen, Frieden mit sich selbst, sowie mit ihren Lieben und mit Gott zu schließen. Legt alle Verschiedenheiten beiseite und trachtet danach, Gott in eurem eigenen Geist und durch eure Gedanken zu finden. Versucht, seine Gegenwart in eurem Herzen aufzuspüren und tut dies mit aller Aufrichtigkeit und Ernsthaftigkeit. Und dann glaubt, daß Gott allgegenwärtig ist, wo auch immer ihr seid. Ich liebe alle Menschen und bete täglich mit jedem von euch.

Maria, die Mutter Jesu

2

Ihr werdet geliebt

5/1992

DURCH MUTTER MARIAS BOTSCHAFTEN habe ich großes Verständnis dafür bekommen, über wieviel Willensfreiheit wir wirklich verfügen. So oft ich gezielte Fragen darüber stellen wollte, was ich tun oder wohin ich mich wenden soll, wurde mir gesagt: „Du mußt deine eigene Wahl treffen". In ihrem Buch erklärt sie, daß jeder von uns seine Unterweisungen aus dem eigenen Herzen und dem eigenen Geist erhalten wird. Wenn wir inbrünstig in unser Gebet vertieft sind und unsere Zeiten der Meditation eingehalten haben, können wir wirklich unserer eigenen Intuition vertrauen. Wir müssen vertrauen, daß wir wissen werden, was zu tun ist und welchen Weg wir gehen sollen.

– Annie

DIESE FRAGE wird oft gestellt: Wie kann ich helfen? Indem du wahrhaftig deiner inneren Suche gegenüber bleibst. Indem du deine innere Verbindung zum Vater, dem Schöpfer, behältst. Das ist so wichtig, meine Kinder. Es ist so sehr wichtig. Wie könnt ihr den Weg beleuchten, wenn eure Lampe trüb ist? Wie könnt ihr führen, wenn ihr den Weg nicht einmal kennt? Wie könnt ihr darauf vorbereitet sein zu dienen, wenn ihr gar nicht wißt, wie ihr euch vorbereiten sollt?

Ich bitte euch daher, und zwar jeden einzelnen von euch, daß ihr euch dazu verpflichtet, eure Gebetszeit auszudehnen; steigert euren ernsthaften Wunsch nach Wissen. **Laßt Aufrichtigkeit den Inbegriff für eure innere Suche sein.** Ihr könnt euch nicht von anderen abhängig machen. Versucht nicht, eure Antworten oder eure Verbindung zu Gott durch irgendeinen Kirchenangehörigen zu bekommen, einen Guru oder sonst irgend jemanden, der selbst auch nur eine Schöpfung des Vaters ist. Ich sehe viele, die danach trachten, eine Abkürzung in diesem Prozess einzuschlagen. Sie versuchen, den Weg durch verschiedene Meditationsübungen und durch unterschiedliche Lehren zu finden. Geführte Meditationen sind gut, aber nicht, wenn sie das einzige sind, was getan wird. Zweck der Meditation ist zu empfangen. Wie kann der Vater zu eurem Geist und zu eurem Herzen sprechen, wenn es bereits übervoll ist? Stille ist wichtig. **Die Stille ist der Weg, über den der Vater mit euch spricht**, damit ihr keine Angst habt. Es ist nicht die einzige Art und Weise, in der er mit euch sprechen kann. Gott, der Vater, ist so sehr voller Liebe, so zart und mitleidvoll. Er weiß, daß die Menschen sehr in Angst verstrickt sind. Auch wenn ihr sie schon so gut wie möglich ausgemerzt habt, bleiben doch Rückstände. Deshalb haltet euch daran, in der Stille wenigstens einmal am Tag zu meditieren. Überlaßt euch der Führung durch den Vater. Erlaubt dem Vater, durch euch zu wirken. **Eure Wahrheit kann nur durch euch kommen.** Die Wahrheit, soweit sie euer Leben und eure Lebensumstände betrifft, kann nur durch euch selbst kommen. Vertraut eurem inneren Bewußtsein. Wenn euch etwas nicht klar ist, so bittet um Klarheit. Bittet um eine genaue Erklärung.

Versteht, daß ich als Repräsentantin der Göttlichen Mütterlichen Energie allen Menschen zur Verfügung stehe. Ich werde mit Engeln und mit der Liebe Gottes zu euch kommen. Richtet eure Gebete an den Vater, aber ich bin immer da, um euch zu helfen, die Verbindung zum Vater herzustellen. Auch die Engel warten nur auf ein Wort; wenn ihr es wollt, werden sie helfen. **Wisset tief in euch, daß ihr geliebt werdet!** Ihr seid angenommen, schon jetzt, ganz so, wie ihr seid. **Ihr seid schon jetzt in der Allgegenwart Gottes, seid schon erfüllt von seinem Licht und seiner Liebe.**

Erkennt, daß ihr alles, was ihr wissen müßt, tatsächlich schon wißt. Es wird euch gegeben, wenn ihr euch der Führung des Geistes überlaßt. Meine Bitte an euch ist, im Inneren nach dem Vater zu suchen. Tragt einander und betet für einander.

Nun, meine lieben Kinder, lebt in Frieden; denkt daran, daß Liebe eine sehr machtvolle Energie ist, viel machtvoller als die Atomenergie. Ich habe Vertrauen in eure Fähigkeit, achtsam mit meinen Worten umzugehen. Ich schätze eure Anstrengungen und eure Aufmerksamkeit.

Versteht, ihr Lieben, der Vater hört jeden eurer Gedanken. Sprecht in Gedanken zu ihm. Laßt ihn denjenigen sein, der nach allen Kräften hilft. Heilungen werden durch eure Gebete kommen. Erlaubt einfach dem Prozess zu wirken. Bleibt in Frieden und Liebe. Ich liebe euch. Der Vater liebt uns alle noch mehr.

Maria, die Mutter Jesu

3

Betet zu Gott, dem Vater aller Menschen

6/1992

WIR HABEN SELBST all die gefühlsmäßigen Höhen und Tiefen, die durch Arbeitslosigkeit entstehen, durchgemacht. An manchen Tagen geht es uns gut, an anderen sind wir niedergeschlagen. An manchen Tagen geht es auf und ab mit unseren Gefühlen, alles am gleichen Tag. Es ist mit Sicherheit eine Achterbahn-Fahrt und belastet in der Tat euer Vertrauen und euren Glauben. Ich nenne den Glauben mein Senfsamenkorn; wenn ich mich niedergeschlagen fühle, sage ich, ich habe mein Senfsamenkorn fallen lassen. In diesen letzten zwei Monaten habe ich viel Zeit damit verbracht, mein Senfsamenkorn zu suchen. Es hält mich auf den Knien. Wir wissen, daß wir nicht die einzigen sind, die diese Erfahrung durchmachen. Unsere Gebete sind nicht nur für uns selbst, sondern für alle da, die diese Lektion zu lernen haben. Es finden bereits große Veränderungen in unserer Welt statt – sowohl in den kleineren Welten individueller Familien als auch in der größeren Welt unserer Erde.

Ich ermutige Menschen immer wieder, Gebets- und Meditationsgruppen in ihren Häusern und/oder in ihren Kirchen ins Leben zu rufen. Ich spüre sehr deutlich, daß es ein Riesenunterschied ist, ob wir uns im Gebet zusammentun oder allein beten. Laßt uns unsere Kinder zusammenbringen und sie lehren, wie wir nach innen gehen.

Für diejenigen, die von den Treffen unserer Familiengruppen nichts wissen, sei gesagt, daß Byron und ich 1988 dazu angehalten wurden, unsere Kinder zusammenzubringen, um mit ihnen zu beten und zu meditieren. Die Bruderschaft (auch bekannt als Der Heilige Geist oder Die Weiße Bruderschaft) sagte, sie würden uns unterweisen und unsere Fragen beantworten. Sehr oft kam Mutter Maria zu uns, während ich die Botschaft erhielt. Sie trug wesentlich dazu bei, uns auf die Zeit vorzubereiten, in der wir neuen Menschen begegnen, was jetzt gerade geschieht.*

– Annie

✧ ✧ ✧

MEINE LIEBEN KINDER, ich bin bei euch, wenn ihr betet und in Wahrheit und im Geist Andacht haltet. Es werden mehr Gebete gebraucht, um in Zukunft höhere Ebenen zu erreichen. Ich bitte nochmals inständig darum, daß so viele von euch wie nur möglich eigene Gebets- und Meditationsgruppen in ihren Häusern und an Andachtsplätzen gründen. Kommt zum Gebet zusammen, denn in der Anzahl liegt die Kraft. Diese Kraft ist kosmische Energie, die gebraucht wird, um die Menschen auf der Erde zu beeinflussen. **Nur wenn ihr wirklich liebt und einander wirklich vergebt, kann man Heilung auf der Welt spüren.** Legt eure Belange in die Obhut des Vaters und begreift, daß ihr nur zu ihm betet. Betet zu Gott, dem Vater aller Menschen. Ich werde in Zukunft noch mehr Botschaften der Ermutigung für euch haben. Ich danke euch für eure Aufmerksamkeit und Liebe.

Maria, die Mutter Jesu

---

* Diese Unterweisungen waren die Grundlage für das Buch *Botschaften an unsere Familie.*

4

Vertraut eurem inneren Wissen

8/1992

SO VIELE VON EUCH haben Mutter Marias Wunsch verspürt, ihre Botschaft zu verbreiteten. Den Briefen, die ich erhalte, habe ich entnommen, daß ihr euch fast alle gedrängt fühltet, einem oder mehreren Menschen von Marias Botschaft zu erzählen. Ich merke wirklich, daß ihr für sie arbeitet, genau wie wir.

In Marias Botschaft *sagt Mutter Maria, daß sie am 15. August in dieser Gegend erscheinen wird. Sie gab nicht das Jahr an. Letztes Jahr begleiteten mich ein paar Menschen im Gebet und in der Meditation. Es war ein wunderschöner Tag, aber Mutter Maria erschien nicht. Dieses Jahr habe ich von verschiedenen Menschen gehört, sie fühlten, daß dies das Jahr sein wird, in dem sie erscheint. Manche empfinden es so stark, daß sie sogar von weither kommen. Ich befand mich in dem Dilemma, daß ich nicht wußte, was ich tun sollte. Denn ich habe darum gebeten, daß sie diese Information anderen zukommen läßt. Ich bekam heute einen Anruf von einer Frau namens Susan aus der Gegend von Los Angeles. Während ich mit Susan sprach, waren wir uns einig, daß es in der Nähe eines Sees sein würde. Wir empfangen die Führung, daß es Joe Pool Lake in Dallas sein wird. Susan sagt, „natürlich, Joe steht für Joseph." Später kam mir: „Josephs Pool."*

In jedem Fall werden wir dort eine gute Zeit verbringen, meditieren, beten und einander begegnen. Wir treffen uns zum

Sonnenuntergang. Irgendwie denke ich, daß es dann geschehen wird. Maria hat mir immer wunderschöne Sonnenuntergänge mit vielen wunderschönen Zeichen am Himmel geschenkt.

– Annie

✧ ✧ ✧

MEINE LIEBEN KINDER, es ist mit großer Freude verbunden, daß ich heute komme, um eine Botschaft mit guten Nachrichten zu bringen. Es ist mein Wunsch, daß ihr beginnt, eurem inneren Bewußtsein zu vertrauen und eure Antworten in eurem Geist und in eurem Herzen zu finden. Annie meinte es gut, als sie vorschlug, mir eure Fragen zu stellen. Ich habe nur ein paar wenige beantwortet, und es sind diejenigen, die eine Klarstellung meiner Botschaft erforderten. Alle anderen Fragen habe ich nicht beantwortet. Weil ihr, meine Kinder, euch selbst befragen könnt. Es ist an der Zeit, sich mit seinem Inneren zu verbinden und diesen Prozess zu fördern. Es bedarf eurer Anstrengung, einer Menge Übung und eines Öffnens eures Selbst, um zu empfangen. Auf diese Weise müßt ihr beginnen, eure Antworten zu erhalten.

Laßt keinen Menschen auf Erden eure Verbindung zum Vater sein. Er ist in jedem. In jedem Menschen ist die Fähigkeit zu hören. Es ist befreiend, innerlich mit dem Vater verbunden zu sein. Eure Antworten mögen vielleicht nicht mit den Antworten von irgendjemand sonst übereinstimmen, und ich würde euch empfehlen, nicht zu vergleichen. Vergleicht euch nicht mit anderen oder mit dem Niveau anderer. Lernt soviel wie möglich, denn heutzutage gibt es viele gute Lehrer. Aber fragt immer zuerst in eurem Inneren nach, ob die Auskunft, die ihr erhaltet, auf Wahrheit beruht. Hört, hört und nochmal hört. Die Wahrheit wird euch offenbart werden, und zwar durch euch selbst. Wenn ihr eure eigene innere Führung erhaltet, seid ihr frei und voller Freude.

Meine Kinder, ich möchte, daß jeder von euch die Erfahrung macht, der inneren Führung zu vertrauen. Es gibt keinerlei Grund, eure Kraft an einen anderen auf Erden abzugeben. Behaltet eure Kraft, indem ihr euch auf den Vater in euch verlaßt und darauf, daß er führt, lehrt und für euch sorgt. Das ist so wundervoll, und es gibt so viel Energie. Fragt, lauscht und fragt wieder. Wenn die Antworten kommen, und sie werden jedem einzelnen von euch gegeben, dann seid ewig dankbar. **Ihr seid frei auf Erden, zu sein, zu wissen und zu lieben.** Glaubt an euch selbst, an eure innere Verbindung mit dem Vater in euch, und an Gott, den Schöpfer, der derselbe ist, im Innen und im Außen. Also vertraut ihm. Das ist mein Wunsch. Ich liebe jeden von euch mit meinem ganzen Herzen.

Maria, die Mutter Jesu

5

Fühlt, wie Liebe in eure Herzen strömt

10/92

DER 15. AUGUST 1992 war ein denkwürdiger Tag. Etwa sechzig oder mehr Menschen trafen sich zum Sonnenuntergang am Joe Pool Lake. Wir hatten uns am Ufer des Sees verteilt. Ungefähr um 19.30 Uhr bemerkten zwei Frauen, daß die Sonne scheinbar vibrierte. Dann wechselte sie die Farben. Dieses schnelle Vibrieren konnte man ganz deutlich durch den Kamerasucher erkennen. Um diese Zeit fanden sich die Leute zu einer einzigen Gruppe zusammen. Wir empfanden ganz stark, daß der Geist allgegenwärtig war. Ich hatte das große Glück, Mutter Maria als einen Hauch von weißem Dunst in der Art eines Madonnenbildes über einem Baumwipfel zu sehen; dann löste es sich wieder auf. Und dann sah ich sie als stehende Madonna am Horizont, wo gerade die Sonne unterging, ganz grünlichblau, mit einem rosafarbenen Strahlenkranz. Später erschien sie noch als großer blauer Lichtball.

Nach dem Sonnenuntergang stellten wir uns in einem Kreis auf. Während ich dem Sonnenuntergang zuschaute und den Rosenkranz betete, erhielt ich eine innere Botschaft. Mutter Maria sagte: „Wirklich, an diesem heutigen Tage haben Verwandlungen stattgefunden; nicht nur bei den Menschen, die sich hier am See versammelt haben, sondern bei jedem, der mich heute gepriesen und der heute gebetet hat. Diese Verwandlungen werden vielleicht nicht sofort sichtbar sein, aber bei

Ein Bild, aufgenommen von Sally Yaminin am 15. August 1993 am Joe Pool Lake (Joseph`s Lake), mit dem „Gesicht" in den Wolken. Das Gesicht wurde von über hundert Menschen gesehen und wurde auch von verläßlichen Augenzeugen 150 Meilen entfernt gesehen. Die Vergrößerung unten zeigt ungefähr, wie es aussah, kurz bevor das Foto aufgenommen wurde. In Wirklichkeit erschien das Gesicht runder und zeigte mehr Einzelheiten, als die Kamera eingefangen hat, sogar die Wimpern, Haaransatz, Nase, Kinn usw. Dieses Bild wurde etwa fünfzehn bis zwanzig Minuten nach dem erstmaligen Erscheinen des „Gesichts" aufgenommen. Als die Sonne weiter unterging, wurde das Gesicht schwächer.

1992 hat Annie Maria als eine runde, blauscheinende Kugel gesehen „jenseits von Form und jenseits von Geschlecht"- und beschwerte sich, daß sie „Ihr" Gesicht nicht sehen konnte. 1993 erschien dieses riesige Gesicht in den Wolken.

– Byron Kirkwood

Foto vom „Gesicht", ein vergrößerter Ausschnitt vom oben abgebildeten Foto.

tieferem Nachdenken wird ein jeder sagen: „Ja, das ist der Tag, an dem meine inner Wandlung begann.“ Zum Schluß beteten wir das Vaterunser. Die Menschen fühlten sich sehr miteinander verbunden, und viele umarmten sich und sagten: „Bis zum nächsten Jahr!“

Am nächsten Tag, als unsere Gespräche in der dortigen Gemeindekirche stattfanden, baten wir Larry, uns allen zu erzählen, was seine Töchter erlebt hatten. Sie waren am See, und als die Sonne zu zittern begann, ging er zu seinem Wagen, um sein Viedeogerät zu holen. Als er es zusammensetzte, fragte ihn eine seiner Töchter, ob er ein Foto von dieser schönen Frau machen würde. Er war gerade sehr beschäftigt und sagte „mhm-mhm“. Als er seine Töchter in dieser Nacht zu Bett brachte, fragten sie wieder, ob er ein Foto von der wunderschönen Frau im Himmel gemacht habe. Da erkannte er, daß sie Mutter Maria gesehen hatten. Sie beschrieben sie in denselben Farben, in denen ich sie auch gesehen hatte.

Viele wunderbare Dinge geschahen, als wir durch Kalifornien reisten, aber das Bemerkenswerteste ereignete sich am Samstag nachmittag in Escondido/ Kalifornien. Ich hielt eine Rede in der Philosophischen Bibliothek und im Life Enrichment Center. Als die Leute hinausgingen, kam einer nach dem anderen wieder zurückgelaufen, ganz aufgeregt wegen eines Regenbogens, der sich über

Der Regenbogen nach der Ansprache von Annie am 25. September 1992 in der Philosophischen Bibliothek in Escondido, Kalifornien. (Siehe auch Farbfoto auf dem Rückumschlag)

unserem Gebäude spannte. Das war wirklich vollkommen ungewöhnlich, weil es seit über einem Monat nicht mehr geregnet hatte. Weiße Tauben flogen umher, und man erzählte mir, daß sich eine Taube auf der gegenüberliegenden Straßenseite auf dem Dach eines Hauses niedergelassen und den ganzen Nachmittag über den Eingang nicht aus den Augen gelassen habe. An manchen Stellen war der Duft von Rosen zu spüren, und besonders stark wurde überall Mutter Marias Liebe empfunden.

An manchen Orten kamen Leute auf mich zu, die sagten: „Ich sehe sie auch", oder „Ich höre sie auch." Ich stelle immer wieder fest, daß Mutter Maria wirklich vielen Menschen erscheint oder zu ihnen spricht. Sie spricht zu ihnen von Dingen, wie ich sie in den Büchern wiedergegeben habe. Sie ist sehr gegenwärtig in unserer Welt.

– Annie

✧ ✧ ✧

LIEBE KINDER, laßt zu, daß Liebe in euer tägliches Leben dringt. Seid offen für ein Einfließen der Liebe von oben. Bringt diese Liebe in euren physischen Körper, zum Heilen, zum Regulieren und zur Harmonisierung aller inneren Vorgänge. Fühlt, wie Liebe in eure Herzen dringt und euch hilft, alle alten Verletzungen, den Zorn, Feindseligkeiten und Groll aus der Vergangenheit zu vergeben. Dies können alte Angelegenheiten sein oder auch solche, die ihr durch eure Energie am Leben erhaltet. Wie auch immer, sie können mit Liebe und durch eure Vergebung geheilt werden. Indem ihr vergebt, gebt ihr ein altes, negatives Muster auf und ersetzt es durch ein neues, liebevolles Leben. **Beginnt jeden Tag mit dem Gedanken und dem Ziel, in Liebe, in Göttlicher Liebe, zu leben. Beginnt jeden Tag mit einem Gebet, um jedem, auch euch selbst, zu vergeben.**

Liebt jeden ohne Ausnahme, so wie Gott, unser Schöpfer, es tut. Liebe beginnt im Inneren und strömt aus, hin zu euren Lieben. Um zu lieben, beginnt bei euch selbst, liebt euch selbst. Verwendet als Hilfsmittel alle Arten von Übungen, Reimen oder Worten, die euch guttun und euch für Gedanken der Liebe öffnen. Indem ihr bei euch selbst beginnt, beginnt ihr von Anfang an. **Am Anfang wurden wir alle in Liebe erschaffen.** Es ist die Liebe, die die inneren Vorgänge des Universums und eurer Welt reguliert und im Gleichgewicht hält. **Gelobt, Liebe zu sprechen, Liebe zu denken, Liebe zu fühlen und liebend zu sein.** So wird die Liebe Gottes allen zuteil werden, mit jedem Gedanken.

Wenn ein Körperteil von euch Heilung braucht, liebt ihn gesund. Wenn sich ein Familienmitglied ungeliebt fühlt, so liebt diesen Menschen, bis er in Harmonie mit sich ist. Wenn ein Teil eures Lebens aus dem Gleichgewicht geraten ist, liebt ihn zurecht. Wenn Wut in euch ist, erlaubt der Liebe, sie zu besänftigen. Wenn da Neid ist, erlaubt der Liebe, Ausgleich zu schaffen. Wenn ein Mißklang auftritt, laßt Liebe die Situation heilen. **Schon jetzt gibt es keinen Teil in eurem Leben, der ohne Liebe ist.** Jeder Teil des Lebens wurde in Liebe geschaffen, und es ist Liebe, die reguliert, ausgleicht und harmonisiert. **Nichts anderes ist wichtig, außer daß ihr liebt, wie Gott es tut, ohne Ausnahme und grenzenlos.**

Denkt immer daran, daß ich euch als Leser meiner Botschaft liebe, denn ihr versteht wirklich. Meine Gebete sind jeden Tag mit euch.

Maria, die Mutter Jesu

6

Laßt jeden Gedanken Frieden sein

12/92

NOVEMBER GIBT MIR DIE GELEGENHEIT, einmal wirklich eine Bestandsaufnahme von allem zu machen, für das ich dankbar sein muß. Zunächst ist da meine Dankbarkeit für all eure Unterstützung und Ermutigung. Wir schicken unsere Liebe und guten Gedanken jedem einzelnen von euch. Ich danke Gott für viele Dinge, aber vor allem dafür, daß er mir erlaubt, diese Arbeit zu tun. Anfangs war ich nicht sehr kooperativ oder dankbar, aber jetzt, nachdem fünf Jahre ins Land gezogen sind, hat sich meine Einstellung dazu vollkommen geändert. Meine Zeit mit Maria hat in jedem Fall meine Fähigkeit verbessert, dankbar zu sein. Ich danke täglich für die vielen wundervollen Segnungen, die unserer Familie zuteil geworden sind. Wir beten, daß ihr und eure Lieben den Trost, die Hoffnung, den Frieden und die Liebe finden werden, die wir fanden, als wir unseren Geist und unsere Herzen dem Vater in uns öffneten.

Möge jeder einzelne von euch die große Liebe fühlen, die sinnbildlich für Weihnachten ist. Wir wünschen euch ein sehr gesegnetes Weihnachtsfest, und wir beten für ein frohes und glückliches Neues Jahr.

Letztes Weihnachten erhielt ich ein Gedicht. Ich weiß nicht, ob es inspiriert oder ein Wunder war. Die Botschaft bewegte mich sehr. Wir rahmten das Gedicht und schenkten es der ganzen Familie zu

Weihnachten. Dieses Jahr möchte ich es mit euch teilen. Das ist unser Weihnachtsgeschenk an unsere Freunde und an alle, die uns unterstützen.

Ein Weihnachtsgedicht

Einst, lang ist es her, da wurde in einem Stall
ein funkelndes neues Leben geboren.
Mit strahlendem Gesicht, die Augen voller Glanz.
Er schenkte jedem ein Lächeln, der kam,
um ihn zu sehen.
In seinen Augen sammelten sich Liebe und Frieden,
die sein Sein erfüllten und auf die Welt ausstrahlten.
Von seiner Geburt und allem, was ihn umgab,
wurde eine Geschichte erzählt.
Eine Geschichte der Liebe.
Jeder Tag seines wundervollen Lebens
wurde aufgeschrieben.
In dieser sternenklaren Nacht, in der wir seiner Geburt
gedenken, wollen wir uns darauf besinnen,
seine Geschenke zu verteilen.
Frieden und Liebe
für jeden – ausnahmslos.

– Annie

✧ ✧ ✧

Meine lieben Kinder, ich bin gekommen, um euch zu ermutigen, die Wahrheiten, die ihr lernt, auch zu leben. Erlaubt der Liebe, in euch geboren zu werden, so wie Jesus in die Welt geboren wurde. Laßt das Licht der Liebe in euer Leben scheinen. In dieser Zeit, in der ihr Jesu Geburt feiert, erinnert euch, daß er kam, um all die verborgenen Talente zu offenbaren, die in jedem stecken. Er ehrte den inneren Vater zu allen Zeiten mit Wort, Gedanke und Tat.

Um eure Wahrheiten zu leben, ist genau das notwendig. Die Liebe, die in der Welt ist, ist Gottes Liebe; das Licht, das in der Welt ist, ist Gottes Licht; die Weisheit ist Gottes Weisheit; die Vernunft ist Geist Gottes. Was ihr tut, ist Gott zu ehren mit jedem Gedanken, jedem Wort und jeder Tat. Manche ehren und manche mißachten ihn.

Wenn ihr euch dessen bewußt seid, so laßt jeden Gedanken voller Güte, Wertschätzung und Frieden sein. Bringt den Frieden und die Hoffnung in eure Welt, die bereits da sind. Vor langer Zeit sangen die Engel: **„Friede auf Erden und den Menschen ein Wohlgefallen." Dies kann nur durch jeden von euch erfüllt werden.** Wenn ihr mit euch selbst und mit Gott, dem Schöpfer von Allem, Frieden schließt, dann gelangt mehr Friede auf die Bühne dieser Welt. Wenn ihr lernt, euch selbst zu lieben, manifestiert sich mehr von Gottes Liebe in der Welt. **Wenn ihr Hoffnungslosigkeit durch Hoffnung ersetzt, so wird mehr von Gottes Güte in der Welt verwirklicht.** Es bleibt jedem einzelnen selbst überlassen, diese Lektionen zu leben, diese Wahrheiten in seinem Leben zu installieren. Ich bitte euch inständig, jeden Tag für euch selbst zu beten, dann für eure Lieben, und dann für die Welt. Es ist wichtig, daß ihr mit euch selbst beginnt, daß ihr eurer inneren Welt Hoffnung, Frieden und Liebe schenkt, weil dies der einzige zentrale Punkt ist, aus dem heraus ihr wirken könnt. Es geschieht durch den einzelnen, daß Gottes Liebe, Frieden und Güte in der Welt zum Leben erwachen.

Denkt immer daran, daß ihr mehr geliebt werdet, als ihr je fassen könnt. Lebt, was ihr an jedem einzelnen Tag glaubt. Laßt seine Liebe durch jedes Wort und jeden Gedanken und jede Tat hindurchscheinen. Betet, betet und betet immer mehr – das ist eure Hoffnung.

Maria, die Mutter Jesu

7

Ihr seid vorgewarnt worden

4/93

DIES SIND ZWEI BOTSCHAFTEN, die Annie am 27. und 31. Dezember 1992 von Mutter Maria erhielt. Sie enthalten die einzigen neuen Vorhersagen, die sie seit jenen in Marias Botschaft geschickt hat. Es betrifft den kommenden Winter und das nächste Jahr. Bestimmte Teile des Landes (zum Beispiel der obere Teil des mittleren Westens der USA) werden sehr durch Unwetter zu leiden haben. Bitte lest und bereitet euch vor – ihr seid vorgewarnt. Diese Information ist wichtig genug, daß Maria uns bat, sie so bald wie möglich hinauszuschicken. Bitte teilt sie so vielen Menschen wie möglich mit.

– Byron.

MEINE LIEBEN KINDER, ich komme heute mit einem glücklichen Herzen zu euch. Ich bringe Geschenke der Liebe und Freude für das kommende Jahr. Von diesem Tage an erlaubt alten Gewohnheiten zu sterben, auch alten Wegen, die euch getrennt haben von all der Liebe, die zur Verfügung steht. Wegen eurer Treue und Aufrichtigkeit bringe ich ein besonderes Geschenk. Es ist das Geschenk der

Freude. Ich habe Engel beauftragt, mit dieser Familiengruppe zu arbeiten und mit allen, die aufgrund meiner Botschaft ernsthaft suchen. Alle werden finden, daß sie im kommenden Jahr mit viel mehr Freude hören, sehen und fühlen. Freude ist ansteckend, und sie wird sich über die ganze Gemeinde verbreiten wie ein Lauffeuer. Es ist eine Zeit der Freude, weil ein neuer Tag anbricht. Es ist eine Zeit der Freude, weil eine Heilung stattfindet, und es ist eine tiefgreifende Heilung, die auch andauern wird.

Versteht, daß ich Hoffnung und Freude bringe. Ich bringe euch Erkenntnis all der wundervollen Gaben, die im Überfluß in dieser Welt vorhanden sind. Ja, es gibt vieles, auf das ihr eure Aufmerksamkeit richten müßt, doch selbst der schrecklichste Tag kann einen Schuß Freude brauchen.

Nun ein Wort zu dem kommenden Jahr. Wenn ihr das neue Jahr beginnt, nehmt euch ganz fest vor, täglich mindestens eine Stunde im Gebet und eine Stunde in Meditation zu verbringen. Dies ist die Mindestzeit, die euch für die Quelle des alleinigen Gottes geöffnet halten wird. Die Stürme werden an Intensität und Häufigkeit zunehmen. Wo zu viel Regen war, wird nun Dürre herrschen; und wo Dürre war, werden nun Überschwemmungen sein. Alles wird auf den Kopf gestellt. **Im Mittleren Westen wird im kommenden Monat ein so schwerer Schneesturm wüten wie nie zuvor. Sagt den Leuten, daß sie genügend Wasser und Nahrung für mindestens zwei Wochen vorrätig halten sollen. Diese Botschaft sollt ihr den Menschen sofort schicken. Sie müssen diese Vorräte jetzt beschaffen.**

In eurem Gebiet (Nord Texas) werden Kälteperioden auftreten wie nie zuvor. Viele werden erfrieren, doch das ist nicht das Entscheidende. Werden sie ihr spirituelles Wachstum damit auch verlieren? Das ist die Frage. Lagert Wasser und Nahrungsmittel, die keine große Vorbereitung erfordern, und die nicht gekocht werden müssen. Jene, die von Stromnetz abhängig sind, werden nur wenig Strom haben, weil die Spannung abgesunken sein wird. Jene, die Gas oder andere Arten der Energie zum Kochen benutzen, werden es leichter haben. Die Kälte wird enorm sein, an vielen Orten werden neue Rekorde aufgestellt. Dann wird der Frühling schnell kommen; es wird euch scheinen, als sei alles nur ein schlechter Traum gewesen. Aber laßt euch nicht täuschen: im Frühjahr wird nochmals große Kälte kommen, und es wird so weit im Süden Schnee fallen wie noch nie.

Der Frühling wird die üblichen schweren Überschwemmungen bringen, nur werden sie sich diesmal weiter ausbreiten und wochenlang anhalten, auch dort, wo sie früher nach wenigen Tagen zurückgingen. **Die Überschwemmungen werden der Ernte schaden, und es wird zu einer Nahrungsknappheit kommen.** Nicht nur Zitrusfrüchte werden verdorben sein, sondern auch Weizen, Mais und andere wichtige Lebensmittel. Zur gleichen Zeit werden in anderen Teilen der Welt weitere wetterbedingte Probleme auftreten.

Im Frühjahr wird es zu Erdbeben kommen. Mehr und mehr Erdbeben werden auf der gesamten Erdkugel zu spüren sein. Es scheint etwas auf der ganzen Welt zur gleichen Zeit zu geschehen. Es wird so viel Schaden eintreten, daß die Menschen endlich aufmerken müssen. **In diesem Jahr werden viele aufwachen und zu fragen beginnen.** Ihr werdet Vulkaneruptionen erleben, zusammen mit Erdbeben an vielen Orten. Unsere Ostküste wird erschüttert und New York wird unter Überschwemmungen leiden. Das Tal des Ohio wird auch von Katastrophen heimgesucht, und es ist möglich, daß es am härtesten getroffen wird. Aber kein Staat wird davon verschont bleiben. Vielerlei Stürme werden das Land verwüsten.

Wie kann ich dann sagen, ich bringe Freude? Es ist alles eine Frage der Einstellung, nicht wahr? Stellt euch auf Freude und Annehmen ein. Denkt daran – diese Veränderungen sind gut. Sie bringen eine Reinigung. Wenn die meisten Menschen voller Schrecken sind, werdet ihr Freude, Hoffnung und Frieden verspüren. Das ist es, worum es bei diesen Veränderungen geht – eine Befreiung des Friedens, der Freude und des Glücks. Nicht nur das Wetter wird sich verändern, sondern auch die Menschen. Sie werden feststellen, daß nur Geist und Herz wirklichen Wert besitzen. Die weltlichen Dinge sind verführerisch; sie vergehen. Was ihr in eurem Geist und Herzen habt, das verläßt euch nie mehr; es bleibt für immer und ewig bei euch. Mit der Zerstörung kommen die Keime eines Neubeginns. Somit ist dieses neue Jahr wirklich eine Zeit der Neubeginne. Die neue Ära beginnt dieses Jahr, wenn das Alte zerstört ist. **Während all dem denkt immer daran, daß ihr geliebt werdet.** Denkt daran, dies ist gut, notwendig und wird benötigt. Ich bin mit euch, an jedem Tag.

Maria, die Mutter Jesu

✧ ✧ ✧

31.12.1992

ANSCHEINEND GIBT ES MEHRERE ORTE, an denen Ikone weinen, und eine hier in Dallas stellt Jesus dar. Das Jesusbildnis weinte ein paar Tage lang. Mir wurde von einem Leser, der Verbindung zu Geistlichen aufgenommen hatte, berichtet, daß Jesus nur vor einem großen Ereignis weint. Wir haben nicht die Möglichkeit herauszufinden, was dieses große Ereignis ist.

Laßt uns Marias Bitte erfüllen und beten, wie sie es von uns erwartet. Ich glaube immer noch, daß wir mit unseren Gebeten etwas bewirken können. Laßt uns die 12 Uhr-Mittagszeit als Gebetszeit einhalten und darum beten, daß Menschen aufmerksam werden und damit beginnen, sich spirituell genauso gut vorzubereiten wie körperlich.

Wir planen immer noch, unseren nächsten Nachrichtenbrief loszuschicken, sobald Mutter Maria ihre nächste Botschaft durchgibt. Laßt uns den Geist der Weihnachtszeit in unseren Herzen bewahren und Liebe und Freude verbreiten, gleichgültig, wie das Wetter sich entwickelt.

– Annie

✧ ✧ ✧

MEINE LIEBEN KINDER, mit Liebe komme ich heute zu euch und mit der Bitte, treu an euren Gebeten und Meditationen festzuhalten. Es ist unbedingt erforderlich, daß dies von jetzt an für euch Priorität hat. Durch eure eigene innere Verbindung werdet ihr in Zukunft individuelle Unterweisungen erhalten. Bis diese Verbindung genügend gefestigt ist, **werde ich euch weiterhin Informationen auf vielen Wegen senden,** weil ich auf diese Weise viele verschiedene Menschengruppen erreiche.

Die Stürme werden in diesem Jahr häufiger auftreten als je zuvor. Es wird eine ganze Serie von Stürmen geben, und einzelne davon sind ganz verheerend. Diese Stürme werden euch sehr ängstigen. **Lagert Wasser und Lebensmittel, wie ich es euch schon geraten habe, aber auch Heizmaterialien, die ihr braucht.** Ich bete mit euch, und wenn ihr betet, werden dies auch viele aus dem Engelreich tun. **Seid keine Narren, macht euch nicht vor, meine Vorhersagen würden nicht eintreten.** Seid gut darauf vorbereitet, für euch selbst und für eure Lieben zu sorgen, damit ihr nicht unnötig leiden müßt. Ich sprach von „den nächsten Monaten“, aber ich kann genauer sagen „in diesem Winter.“ Denn es wird in den nächsten Wochen geschehen und kann auch noch länger dauern.

Jetzt ist es an der Zeit, euch darum zu bemühen, eure Herzen und euren Geist von aller Furcht zu befreien. Bereitet euch einfach so gut wie möglich vor und betet. Beginnt nach innen zu lauschen und eurer eigenen inneren Führung zu vertrauen. Mit der Zeit werdet ihr euch allein darauf verlassen können. Mit einem inneren Ohr zu hören, braucht Übung, und jetzt ist es an der Zeit, daß ihr anfangt zuzuhören.

Ich liebe jeden von euch, meine Kinder. Ich liebe euch so, wie eine Mutter ihre Kinder liebt. Ich wünschte, ich hätte jeden einzelnen von euch schon jetzt soweit, sich den Aufgaben eures Lebens zu stellen, so wie ihr euch den kommenden Stürmen stellt. Meine Liebe, meine Gebete sind täglich bei euch.

Maria, die Mutter Jesu

8

Nutzt die Liebesenergie zum Heilen

2/93

MUTTER MARIA LENKT weiterhin diese Arbeit und verbreitet ihr Wort unter Menschen wie euch. Kürzlich nahm eine Dame aus Houston in Texas das Buch mit nach Russland. Sie stellte Marias Botschaft an die Welt *dem russischen Volk vor. Das Buch wurde dort gut aufgenommen, und nun besteht Interesse, es zu übersetzen und auf Russisch herauszugeben. Sie schickten auch ein wunderschönes Geschenk aus ihrem Land, eine Ikone von Maria.*

In meinen Vorträgen berichte ich von dem Phänomen, auf das ich bei dem Buch immer wieder stoße. Viele Leute fühlten sich geführt, anderen von dem Buch zu erzählen oder Bücher zu kaufen, um sie mit ihren Lieben zu teilen. Wenn euch so etwas geschehen ist, dann habt ihr Mutter Marias Drängen in eurem Herzen vernommen. Dieses Buch verbreitet sich schnell, nicht nur in unserem Land, sondern in der ganzen Welt. Ich habe vor kurzem von Leuten in Indien, Hong Kong, Deutschland, der Schweiz, Kanada, Australien und England gehört.

– Annie

MEINE LIEBEN KINDER, ich komme heute mit einem von Freude und Liebe erfüllten Herzen. Eure Gebete waren außerordentlich wirkungsvoll. Aufgrund eurer Liebe und Anteilnahme, waren eure Gebete wirksam und konnten das Wetter mildern. Glaubt mir, wenn ich sage, daß dies das Jahr der Stürme sein wird. Allgemein wird eine Zunahme an Stürmen zu verzeichnen sein.

Wenn Menschen ohne eigennützige Gedanken beten, dann wird ihr Gebet wirkungsvoll sein. Seit meiner letzten Botschaft haben die Menschen voller Liebe und Anteilnahme reagiert. Diese Liebe und Betroffenheit waren vom Motiv her rein. Ihr habt die Heilungsenergie der Liebe benutzt, um die Stürme zu mildern und sich legen zu lassen. **Wenn eure Motive rein sind und eure Betroffenheit aus reiner Liebe entsteht, dann werden eure Gebete schnell beantwortet.** Daher ist meine Freude heute so groß. Ihr lernt, mit Reinheit der Motive und des Herzens zu beten. Ich liebe jeden von euch, und ich bin sehr erfreut darüber, wie ihr auf meinen Aufruf reagiert habt. Nun betet weiter mit derselben Wirksamkeit und Reinheit. Betet und meditiert weiterhin täglich. Kommt mit reiner Liebe und Betroffenheit für eure Lieben und deren Freunde. Auf diese Weise nutzt ihr die Liebesenergie zum Heilen, zum Segnen und zum Unterstützen in allen Dingen. Bleibt wachsam und erlaubt keinem Gedanken der Eigennützigkeit oder Voreingenommenheit, in eure Gebete einzudringen. Bleibt rein in Gedanken, im Motiv und in der Tat. **Laßt Liebe eure einzige Motivation sein.** Erlaubt Hoffnung und Frieden die oberste Herrschaft in euren Herzen zu übernehmen.

Engel sind im Überfluß da, um mit euch zu beten. Sie können nur durch euch beten. Das ist der Grund, daß ich euch bitte, treu weiterzubeten und zu meditieren. Wenn ihr die Neigung zu fasten verspürt, dann tut dies in jedem Fall, aber laßt euer Fasten nur etwas zwischen euch und eurem inneren Vater sein. Erzählt keinem Menschen davon, daß ihr fastet, auch nicht von euren Meditationen. Dies sind heilige Zeiten, und sie sollen so etwas wie ein Vertrag zwischen euch und Gott sein. Wenn ihr euch dazu hingezogen fühlt, betet den Rosenkranz für dieses ganze Jahr und für die Menschen, damit sie zu der Liebe erwachen, die in dieser Welt im Überfluß vorhanden ist. Das Gebet schafft eine persönliche und ganz private Beziehung zwischen euch und eurem Schöpfer, und es kann alle Prophezeiungen beeinflussen, verzögern und sogar auch verhindern. Jeder von euch hat Macht. Nutzt diese Kraft mit reinen Motiven zum Heilen, zum Segnen und zum Lieben. Dann werden wir große Wunder in den Herzen und außerhalb der Herzen der Menschen erleben. Ich liebe jeden von euch zärtlich und freue mich über eure Resonanz.

Maria, die Mutter Jesu

9

Wie sehr sich doch alle Menschen gleichen

4/93

WIE AUFREGEND diese Zeit doch ist! Aber ich muß zugeben, daß ich das auch erst allmählich erkannt habe. Als Mutter Maria kam und von der Freude sprach, in dieser Zeit leben zu dürfen, habe ich das nicht gleich verstanden. Aber seit ich miterlebe, wie immer mehr Menschen von ihren inneren Beschränkungen frei werden, wachsen Freude und Frieden. Ich meine damit die geistigen Beschränkungen.

Wenn wir lernen, bedingungslos zu lieben, befreien wir uns selbst. Wenn ihr in eurem Herzen so frei werdet, daß ihr anderen gestatten könnt, ihr eigenes Glaubenssystem zu haben, dann „wißt ihr", daß ihr frei seid.

Wenn wir anderen zugestehen, auf ihre eigene Weise zu glauben, dann lieben wir bedingungslos. Und das ist es, worum es eigentlich nur geht – frei zu sein, um wir selbst zu sein und anderen zu erlauben, sie selbst zu sein, ohne zu urteilen.

Es macht mir wirklich viel Spaß, auf meinen Reisen neue Freunde zu finden. Immer wieder kommt es mir so vor, als sei ich diesen Menschen früher schon einmal begegnet. Was ich mehr und mehr erkenne, ist die Liebe Gottes in uns allen. Als der Zeitpunkt gekommen war, mein erstes Buch zu signieren, das war genau vor einem Jahr, gab Maria mir die Anweisung, jedes Buch mit „Teile die Liebe" zu unterschreiben. Sie sagte, „Es gibt nur eine Liebe in Gottes

Schöpfung, und das ist seine Liebe, die in allem und jedem reichlich vorhanden ist. Wenn du liebst, teilst du seine große Liebe.

Wir lernen, bedingungslos zu lieben, nicht nur uns selbst, sondern alle Kreatur. Die Lektionen sind nicht immer leicht. Die schwierigen Lektionen sind gleichzeitig die denkwürdigsten. Wenn ich „es" beim ersten Mal nicht verstehe, erhalte ich die Lektionen immer und immer wieder, bis ich soweit bin. Das zu wissen, war für mich auch eine Befreiung. Ich mache mir keine Sorgen mehr, wenn ich einmal eine Lektion nicht gleich gelernt habe. Auf unterschiedlichen Wegen wird sie mir solange gegeben, bis ich sie endlich verstanden habe. Ist es nicht wunderbar, wie Gott wirkt?

– Annie

✧ ✧ ✧

MEINE LIEBEN KINDER, heute komme ich mit großer Freude zu euch. Es gibt immer noch viel zu erklären und zu lehren. Ich höre eure Sorgen; ich höre es, wenn ihr zu mir sprecht. Ihr werdet meinen, es seien Gebete, aber nur einer verdient Gebete, und das ist Gott, unser Schöpfer. Er ist so viel mehr, als ihr euch vorstellen oder verstehen könnt. Seine Liebe ist so viel größer, als ihr wißt. Aber ihr könnt für seine große Liebe zur Menschheit dankbar sein. Er gesteht jedem einen freien Willen zu, einschließlich der Glaubensfreiheit. Jeder Mensch kann glauben, was er will, ob dieser Glauben nun auf der Heiligen Schrift beruht, auf anderen Lehren oder innerer Führung. Was ein Mensch glaubt, ist nicht besser als das, was ein anderer glaubt. Es ist einfach sein Glauben. Erinnert euch daran, was ich gesagt habe: **„Es gibt so viele Wege zu Gott, wie es Menschen gibt. Er schuf jeden Menschen individuell und einzigartig und stellt auf diese Weise auch seine Verbindung zu den Menschen her."**

Viele Menschen feierten gerade das Passahfest, andere feierten Ostern, und in anderen Ländern und den verschiedenen Religionen werden andere Feiertage begangen. In dieser

Jahreszeit verdeutlicht die Erde sehr würdevoll, daß Erneuerung und Wiedergeburt periodisch stattfinden. Alle Menschen feiern diese Zeit, in der Samen ausgestreut und in der Tiere geboren werden. Überall auf diesem großartigen Planeten findet Wandel statt. Auf der einen Halbkugel ist es die Zeit der Wiedergeburt, auf der anderen Erntezeit. Jede Jahreszeit hat ihre eigenen Feiertage. Warum komme ich darauf zu sprechen? Weil, meine Kinder, es so wichtig ist zu verstehen, wie sehr alle Menschen sich gleichen. Die Unterschiede im Glauben sind es nicht, worauf ihr den Blick richten solltet; es sind vielmehr die Ähnlichkeiten, auf die es ankommt. Wie sehr wir einander gleichen, das ist wesentlich. Seid freundlich zu einander. Bringt dem Glauben eines jeden denselben Respekt entgegen, den ihr für euren Glauben erwartet.

Ich bin gekommen, um euch zu führen und um euch zu sagen – legt nicht länger so viel Wert auf Äußerliches. **Legt Wert auf eure innere Suche nach einer Verbindung zu Gott.** Respektiert all die unterschiedlichen Wege der Menschen, ihren Schöpfer zu ehren. Zu viel Gewicht wird darauf gelegt, wer recht hat, und welche Religion die wahre ist. Religion ist einfach ein Weg für euch, die Herrlichkeit Gottes zu verstehen. Es ist nur eine Methode, um euch in die Geisteshaltung zu versetzen, denjenigen zu ehren, der Alles geschaffen hat, der Alles ist, und der beseelt und ohne jedes Vorurteil liebt.

Ich wünschte, daß jeder Mensch seine Welt, seine Brüder und Schwestern im Fleisch und alles Leben liebt, respektiert und schätzt. Ich wünschte, daß jeder von euch versteht, daß es nicht so wichtig ist, wie ihr Gott, den Schöpfer aller Dinge ehrt. Es kommt darauf an, ihm eure Liebe zu zeigen, indem ihr seine Schöpfung und seine Gaben respektiert. Er schenkt jedem Menschen die Freiheit, das zu glauben, was er will, und ein Leben nach seiner Wahl zu leben. Betet für einander und schenkt im Gebet jedem seine Freiheit. Eure Gebete sollten so beschaffen sein, daß jeder Mensch Frieden mit sich selbst und mit seinem Schöpfer findet. Betet, daß jeder Mensch dahin kommt, Gottes unendlich große Liebe noch heute zu spüren. So bete ich für euch. Meine Liebe und meine Gebete sind mit euch.

Maria, die Mutter Jesu

10

Hört auf eure eigene innere Stimme

6/93

Seitdem es den Nachrichtenbrief gibt, habe ich viel Post erhalten. In einigen Briefen stand, ich solle Maria mehr Platz darin einräumen. Auf diese Weise habe ich erfahren, daß sich manche Leute keine Idee davon machen können, wie genau Maria weiß, was sie will. Maria entscheidet darüber, welches ihr Thema ist, was sie sagen wird, wann sie ihre nächste Botschaft durchgibt, und wie lang ihre Botschaft sein wird. Ich wäre glücklich, wenn sie alles diktieren würde und die ganze Arbeit allein täte. Aber so will sie es nicht. Wir streichen nichts von dem, was sie sagt, und wir verändern auch nicht die Bedeutung irgendeines ihrer Worte. Zwar geben wir den Brief heraus, aber auch dies geschieht mit ihrer Hilfe.

Und außerdem hat Maria gesagt: „Ich möchte, daß du hinausgehst und zu den Menschen sprichst." Ich wußte, ich könnte dies niemals tun. Ich wußte nicht, wo oder wie ich überhaupt beginnen sollte. Sie wollte, daß ich darüber spreche, wie ich Ihre Botschaft in meinem Leben umsetze, und was geschieht, wenn Menschen wirklich ihre Worte leben. Meine Antwort war: „Maria, ich könnte niemals einen Telefonhörer abnehmen und sagen: Ich will kommen, um zu euch zu sprechen und euch zu zeigen, was ich tue." Das klang mir alles zu geltungsbedürftig. Maria aber sagte: „Du wirst es wissen, wenn ich dir Menschen schicke, denn sie werden dir alles zur

Verfügung stellen, was du brauchst." Drei Tage später erhielt ich den ersten Anruf. Und sie erstatteten mir nicht nur meine Auslagen, sondern ich bekam sogar etwas Geld für meinen Zeitaufwand und Einsatz. Sie dachten, es sei nicht genug. Ich dagegen war überrascht, daß mir überhaupt etwas dafür bezahlt wurde. Nun verstehe ich, daß ich eine Art von Vergütung für meine Zeit und meinen Einsatz bekommen muß. Wir benutzen dieses Geld nicht nur, unsere Rechnungen zu bezahlen, sondern auch, um diese Arbeit weiterhin machen zu können.

– Annie

✧ ✧ ✧

MEINE LIEBEN KINDER, ich komme noch einmal, um euch darum zu bitten, tief in euch hineinzulauschen. Hört auf eure innere Stimme, die euch führt und auf all eure Fragen eine Antwort geben kann. Ich bitte euch, sucht das Himmelreich in euch selbst. Denn dort ist es, in jedem von euch. Es kann an keinem äußeren Ort gefunden werden, sondern nur tief in eurem inneren Selbst. Vertraut der Führung in eurem Herzen und eurem Geist. Betet und bittet darum, daß alles, was ihr in eurem Inneren Selbst hört, wahr ist, und daß es euch klar und deutlich vermittelt wird.

Gott liebt euch so sehr, meine Kinder. Es ist sein Wunsch, daß ihr bei allen euren Bedürfnissen nicht länger von irgend jemand anderem außer ihm abhängt. Antworten auf Fragen werden auf diese Weise gegeben werden. Orientierung und Führung kommen von innen. Andere mögen ihre Meinungen oder ihren Glauben kundtun, **aber nur ihr allein könnt die Stimme der Führung in eurem eigenen Herzen hören.**

Bitte werdet der Liebe gewahr, die in eurem Herzen gegenwärtig ist. Öffnet euren inneren Geist für diese Liebe. Dann werdet ihr sichere Antworten auf alles bekommen, was ihr wissen wollt. Ihr könnt Antwort und Führung durch keinen anderen als die eigene innere Stimme erhalten. Denn die anderen können euch nur das mitteilen, was ihnen ihre innere Stimme sagt.

Ihr wurdet in vollkommener Schönheit erschaffen; jeder hat sein eigenes inneres Führungssystem. Ihr kommt mit eurer eigenen Verbindung zur Universellen Weisheit und zum Universellen Wissen auf diese Welt. Gott spricht aus eurem Inneren mit euch, manchmal in Bildern und Visionen. Auch in Träumen spricht er zu euch. Wenn ihr Zweifel daran habt, so lest in der Bibel das Buch Daniel. Hier sprach Gott in Träumen zu Daniel und gab ihm die Fähigkeit, diese Träume auch zu deuten. Jeder Mensch hat die Fähigkeit, Träume zu deuten. Wißt und versteht, daß die Bilder, die in einem Traum benutzt werden, meistens symbolischer Natur sind. Laßt die Symbole zu euch sprechen. Schreibt zunächst den Traum in seiner Ganzheit auf. Häufig sind große Botschaften in der Handlung. Wenn etwa die Tür halb aus Glas und halb aus Holz ist, laßt dies zu euch sprechen.

Gott kann und wird durch andere zu euch sprechen, aber diesen Menschen wird nicht bewußt sein, daß sie dazu von ihm benutzt werden. In einem Gespräch, einer im Spaß hingeworfenen Bemerkung, oder so ganz nebenbei ausgesprochen, werden genau die Worte fallen, die ihr braucht, um eine innere Botschaft zu verstehen, die ihr erhalten habt.

Denkt immer daran, daß es bei Gott keine Grenzen gibt. Er ist grenzenlos, und daher sind auch seine Möglichkeiten grenzenlos, euch Informationen zu schicken. Vertraut einfach darauf, daß Gott seine Antwort oder Botschaft so klar geben wird, daß sie euch nicht entgeht. Ihr braucht nicht länger zu fürchten, daß ihr die Botschaft nicht hören oder wahrnehmen könnt, meine Kinder; Gott wird sie euch immer und immer wieder geben, bis ihr sie wirklich verstanden habt. Er gibt euch Menschen nie auf. Er ist ein so gütiger und liebevoller Vater! Er ist unvergleichlich geduldig.

Sucht solange nach eurer inneren Verbindung zum Vater solange, bis ihr gelassen lauschen und darauf vertrauen könnt, daß ihr immer das wissen werdet, was ihr wissen müßt. Die Frage, *wie werde ich wissen? Wie werde ich die Antwort erkennen?* wird sich dann erübrigen. Ihr werdet in Liebe, Vertrauen und in Freiheit leben.

Legt alle falschen Vorstellungen von einem zornigen oder bösen Gott ab. **Gott ist ewig-liebend, ewig-geduldig, ewig voller Freude, und immer wartet er auf eure Entscheidung, euch mit ihm zu verbinden.**

Betet darum, diesen liebenden Vater in euch kennenzulernen. Betet um die innere Gewißheit, daß es einen Vater gibt, der immer für euch da ist, wenn ihr euch an ihn wendet. Erinnert euch, daß Jesus sagte, „Es ist die Freude des Vaters zu geben und im Überfluß zu geben." Was gibt Gott? Er gibt nur Gutes und ganz gewiß Antworten auf eure Fragen. Wenn ihr ihn darum bittet, übernimmt er die Führung und zeigt euch die Richtung. Er schenkt euch Trost, Liebe, Freude und Wohlstand. Er wird euch geben, was ihr braucht, solange dies in Übereinstimmung mit euren Lebenszielen ist, und wenn ihr um Hilfe und Trost für eure Nächsten bittet, so wird es euch gegeben werden.

Die Wunder, die mir zugeschrieben werden, sind nicht meine Wunder. Sie sind verwirklicht worden, weil es der Wunsch des inneren Vaters ist von seinem großen Reichtum abzugeben. Das Heilen von Geist und Körper ist nicht nur seine Freude, es ist vielmehr sein Wunsch, daß jeder Mensch heil an Geist, Körper und Seele ist.

Jeder Mensch soll zuerst lernen, auf sein Herz und seinen Geist zu hören. Manchmal spricht es spontan durch Gefühle. Jeder wird auf seine Weise erkennen, wann der Vater zu ihm spricht, denn er wird seine eigene Methode dazu entwickeln. Werdet euch eures Körpers, eures Herzens und eures Geistes bewußt, wenn ihr hört. Seht, wo eure Reaktionen herkommen, wenn ihr eine Botschaft empfangt. Diese Reaktion ist eure Bestätigung, daß die Botschaft von innen her gegeben wurde.

Ich würde euch nicht darum bitten, wenn es nicht für jeden Menschen möglich wäre, auf diese Weise bewußt zu werden. Jeder kann „hören" und „sehen" und „wissen". Das ist keine Illusion, sondern ein klarer Weg für euch, eurem Herzen zu folgen.

Ich liebe euch immer. Ich bete mit euch und für euch. Ich bin nur eine Bitte weit von allen meinen Lesern entfernt.

Maria, die Mutter Jesu

11

Vertraut eurer inneren Arbeit

8/93

Einige von euch haben mich in ihren Briefen gebeten, ich solle Maria bestimmte Fragen stellen. Darauf möchte ich euch sagen, daß ich für euch bete, damit ihr eure Antwort klar hört. Ich kann euch wahrscheinlich inspirieren, doch können eure Antworten nicht durch mich kommen. Vermutlich werdet ihr beim erneuten Lesen von Marias Botschaft an die Welt *Passagen finden, in denen sie sagt, wir sollten uns mit all unseren Bedürfnissen an unseren Schöpfer anschließen. Das bezieht sich auch auf Antworten auf Fragen, Anweisungen und die Führung. Maria hat mir nicht den Auftrag gegeben, als Vermittler für euch dazusein, wenn ihr eine Antwort auf eure Fragen braucht. Vielleicht gibt es irgendwo ja Leute, die das machen. Aber ich tue so etwas nicht für andere. Mutter Maria wünscht von den Menschen, daß sie in allen Angelegenheiten ihrer eigenen inneren Stimme und Führung vertrauen. Ich kann euch lediglich mit meinen Gebeten unterstützen. An mir ist nichts Besonderes. Erinnert euch, daß Jesus sagte: „Das, was ich tue, das könnt ihr auch tun.“ Also, ich kann noch nichts von diesen Dingen tun. Aber es ist ermutigend zu wissen, daß es mir in Zukunft gegeben sein wird, wenn ich es will.*

Ich hoffe wirklich, daß damit alle Mißverständnisse über unsere Arbeit geklärt sind. Noch eine letzte Bemerkung dazu. Ich verdiene mit dieser Arbeit nicht Millionen Dollar. Viele scheinen zu glauben, daß man automatisch reich ist, wenn man ein Buch geschrieben hat.

Das war nicht unser Anliegen. Und es ist auch nicht unsere Wirklichkeit. Wir haben nur ganz einfach das getan, was wir aus unserem Herzen und unserem Geist heraus als richtig empfanden. Maria führt uns, aber wir verlassen uns in allen Belangen auf unsere eigene innere Führung. Und wir vertrauen darauf, daß das, was wir tun, auch das ist, was wir tun sollen, ob es nun den anderen richtig erscheint oder nicht. Wir sind uns sehr wohl bewußt, daß wir keine Supermenschen sind, und wir sind auch nicht mit besonderen Talenten ausgestattet. Aber wir wissen sehr wohl, daß wir nach dem handeln müssen, was unsere innere Führung uns sagt, gleichgültig, wie die anderen darüber denken.

Dies wird euch einen kleinen Einblick in unsere Arbeit geben. Ich hatte das Gefühl, daß diese Erklärungen wichtig sind, damit ihr unsere Beweggründe besser verstehen könnt. Wir sind nur zwei ganz normale Menchen, die in außergewöhnliche Umstände verwickelt sind. Wir sind ehrlich und bemühen uns, unser Bestes zu geben. Und deshalb bitte ich euch, nicht die Botschaft nach dem Botschafter zu beurteilen. Wir haben Themenbereiche, an denen wir weiter arbeiten. Keiner von uns ist vollkommen oder gar perfekt. Wir sind nur zwei Menschen, die Fehler machen und lernen. Alle Gebete sind willkommen.

– Annie

✧ ✧ ✧

MEINE LIEBEN KINDER, mit Freude und Liebe wende ich mich heute an euch. Ich möchte, daß ihr vertraut, euch selbst vollkommen vertraut. **Vor allem, vertraut darauf, daß Gott, unser Schöpfer, genügend Liebe hat, um sich um jeden einzelnen Menschen zu kümmern.** Vertraut darauf, daß Er euch durch dunkle Orte führen wird. Vertraut darauf, daß ihr eure innere Göttliche Führung hören und erkennen könnt. Vertrauen ist nicht nur eine Frage des Glaubens und Glaubensbekenntnisses, sondern eine Frage der Liebe. Dieses Vertrauen schenkt euch die Liebe zu Gott und die Gewißheit, daß er für euch sorgt.

Denkt daran, daß mein Sohn Jesus sagte: „Es ist des Vaters Freude, Leben zu geben und es im Überfluß zu geben." Dies bedeutet, daß der Vater in allen Belangen für eure innere Führung sorgen wird. Er wird euch geben, was ihr wissen müßt. Ich sehe Menschen von einem zum anderen laufen, immer mit der Frage: Was soll ich tun? Soll ich umziehen? Soll ich meiner Familie etwas von den kommenden Zeiten erzählen? Soll ich mehr Vorräte kaufen? Was tue ich? Es gibt keinen Grund zur Panik. Und es gibt auch keinen Grund, jemand anderen zu fragen, was ihr tun sollt. Dieselbe Führung, die diejenigen durchströmt, an die ihr euch mit euren Fragen und Anliegen wendet, fließt auch durch euch. **Es ist der Strom Gottes großer Liebe, der Antworten auf alle Fragen gibt.**

Die Leute denken immer, daß andere bewußter und fähiger sind und sich besser zum Führen eignen. Es gibt aber für euch nur einen Ort, an dem ihr Antworten auf alle eure Fragen findet. Und der ist in eurem Herzen und Geist. Laßt den Geist die Idee, das Herz das Erkennen eurer Wahrheit und den Solar Plexus das Wissen eingeben. Vertraut nun ganz fest darauf. Und vertraut auf eure innere Gabe des Hörens.

Gott schuf euch mit dieser Fähigkeit zu hören. Er schenkte euch viele verschiedene Arten zu hören. Vertraut darauf, daß er euch in jeder Hinsicht ganz und vollkommen geschaffen hat und so, wie es für euch gut ist. Vielleicht denkt ihr immer noch, Gott habe Mißbildungen oder Behinderungen erschaffen. Das hat er nicht; ihr schafft diese Bedingungen selbst, um euch dabei zu helfen, ein spirituelles Ziel zu erreichen. Gott schafft nur Ganzheit, Vollkommenheit und Vollendung. Alle anderen Schöpfungen sind fehlerhaft.

Vertrauen ist es also, worauf es ankommt, um der Gabe des Hellhörens Achtung zu erweisen. Wenn ihr ständig hierhin und dorthin lauft, um Führung durch andere zu finden, zeigt das nur euer Mißtrauen euch selbst und euren innewohnenden Fähigkeiten gegenüber. Vertraut darauf, daß ich euch die Wahrheit sage. Vertraut darauf, daß ihr alles in euch selbst habt, was ihr braucht. Der Schlüssel dazu liegt in der inneren Führung und in der inneren Verbindung zum Vater.

Ich würde euch nicht darum bitten, diese Dinge zu tun, wenn sie nicht im Bereich eurer Möglichkeiten lägen. Ich möchte euch keine Angst machen, aber ich sage euch, daß es nicht leicht ist. Jesus sagte: „Der Pfad ist eng"; darum könnt ihr auch keinen persönlichen Ratgeber mit auf euren Weg nehmen. Ihr müßt schon allein kommen. **Keiner außer euch kann eure innere Arbeit für euch tun.** Es gibt viele Lehrer und Ratgeber; sie werden euch lediglich helfen zu lernen. Sie werden euch helfen, euer inneres Selbst zu erkunden. Doch sie werden nicht – können es gar nicht – eure Arbeit für euch tun.

Wenn ihr darum gebeten werdet, eine bestimmte Aufgabe Dienst zu erfüllen, so vertraut darauf, daß sie im Bereich eurer Fähigkeiten liegen wird. Ihr werdet nicht darum gebeten werden, mehr zu tun als ihr könnt. Jeder Mensch ist jetzt dazu aufgerufen, sich Gottes Führung anzuvertrauen. Ich bitte heute jeden einzelnen darum, Frieden mit sich selbst, mit seinem Schöpfer und mit seiner Familie zu schließen. Es ist unumgänglich, daß ihr an diese Stätte des Vertrauens, des Friedens und der Liebe gelangt.

Ich bin mit euch, meine Leser, wenn ihr betet. Ich füge euren Gebeten meine eigenen Gebete um eure Antworten hinzu. Ich liebe euch immer.

Maria, die Mutter Jesu

12

Betet für die jungen Menschen auf dieser Welt

10/93

WENN ICH VOR EINEM PUBLIKUM REDE, ist es immer wieder sehr interessant zu sehen, wie unterschiedlich die Themen von Ort zu Ort sind. Manchmal lag der Schwerpunkt auf der inneren Führung, der wir uns anvertrauen sollen. An anderen Orten ging es um das Anliegen, die Familie zu heilen. Und wieder woanders wurde mehr Wert auf die Klärung alter Themen gelegt. Aber über allem stand immer das übergeordnete Thema der Vergebung. Maria bittet uns inständig, daß wir lernen bedingungslos zu lieben, gerade so wie Gott uns liebt. Sie sagte, ich dürfe mich nicht als Autorität ausgeben, aber ich könne die Menschen ermutigen, Ihre Botschaft zu leben. Sie sagte, ich solle meine Erfahrungen als Beispiel verwenden. Auf diese Weise habe ich in aller Öffentlichkeit an der Heilung meiner Gefühle gearbeitet. Das war keine leichte Aufgabe. Und es ist sowieso schwer, an sich zu arbeiten. Doch versucht alles, um innerlich heil zu werden. Das tue ich auch. Häufig war ich kurz davor, in Tränen auszubrechen, und die Menschen zeigten sich sehr verständnisvoll.

Je mehr ich reise, desto mehr fällt mir auf, wieviele Menschen Maria sehen oder hören. Sie ist wirklich überall. Aber sie bittet nicht jeden darum, in die Öffentlichkeit zu gehen. Die Menschen arbeiten auf ganz unterschiedliche Weise an der Heilung unserer Erde. Manche werden gebeten, Heilungszentren zu eröffnen, und wieder andere sollen lehren. Jeder von uns ist aufgefordert, seinen Teil der Arbeit zu übernehmen. Ich ermutige jeden, sehr genau zuzuhören, was ihm im Innersten seines Herzens gesagt wird. Wir sind von unserem Wesen her wirklich spirituell und wollen sicher sein, daß wir die Dinge auch tun können, die wir tun sollen. Wenn ich es kann, dann kann jeder tun, wozu er geführt ist. Ich bin nicht immer die willigste Person, noch gehorche ich ohne Widerworte. Aber ich habe gelernt, über alles erst einmal zu beten.

Maria und die Bruderschaft haben uns auch gebeten, die Lektionen zu veröffentlichen, die wir für unsere Familie bekommen haben, (Botschaften an unsere Familie, *1994). Byron hat sie zusammengestellt, und wir arbeiten zur Zeit fieberhaft daran, sie zur Veröffentlichung fertigzustellen. Es macht uns wirklich sprachlos, welch eine Menge an Informationsmaterial diese Lektionen enthalten. Sie dienen auch dazu, mich an all das Gute zu erinnern, das wir haben. Es wird ganz gewiß ein etwas ungewöhnliches Buch, weil es sich so präsentieren wird, wie wir es erhalten haben. Die Botschaften wurden unserer Familie als wöchentliche Lektionen gegeben. Ich habe von der Bruderschaft schon viel früher Botschaften erhalten als von Maria. Kurz nachdem ich begonnen hatte, mit Mutter Maria zu arbeiten, forderten uns beide, Maria und die Bruderschaft, auf, uns mit unseren Kindern zu versammeln. Sie hatten die Absicht, uns in allen spirituellen Angelegenheiten zu unterweisen. Die meisten Lektionen kamen von der Bruderschaft, aber viele stammen auch von Maria, einige sogar von Jesus. Ich spüre, daß dies wieder ein kraftvolles Buch werden wird. Wir haben ein oder zwei Menschen Einblick in das Manuskript gewährt, und sie finden, daß es unbedingt veröffentlicht werden sollte, weil es viele wundervolle Wahrheiten enthält.*

– Annie

✧ ✧ ✧

MEINE LIEBEN KINDER, heute komme ich, um euch Trost und Frieden zu bringen. Ich bitte einen jeden von euch, auch weiterhin täglich zu beten und zu meditieren. Betet für euch selbst, für eure Lieben und für die ganze Welt.

Aber heute habe ich die besondere Bitte an euch, daß ihr jeden Tag für die jungen Menschen dieser Welt betet. Betet für die Jugendlichen und die Kinder, damit sie ihr Bewußtsein ihrer wahren Natur öffnen, nämlich dem Geist. Ich bin tief betroffen von der Menge an Gewalttätigkeit, die sich in den Gemeinwesen ausbreitet und die dafür verantwortlich ist, daß manche sich in Angst verlieren. Es ist die Angst, die die zunehmende Zahl von Gewalttaten unter Kindern in diesem Land hervorruft. **Gebet kann Furcht zerstreuen und tut es auch.** Durch die Gebete der Gläubigen kann vielen geholfen werden, aus der Furcht in die Liebe zu gelangen.

Der Trost, den ich bringe, ist die Erkenntnis, daß durch das Gebet der Gläubigen viele Menschenleben verändert werden können. Und diese verwandelten Menschen können dadurch zu einem großen Wert für diese Welt werden. Gebet bringt Heilung, und Gebet bringt das Bewußtsein von Gottes großer Liebe. **Göttliche Liebe ist es, die heilt und segnet.** Viele Menschen vergessen, daß sie im Grunde Schöpfungen des Vater sind. **Versteht, daß Gott aus dem Lehm seiner Liebe erschafft.** Viele verstricken sich mehr und mehr in Angst vor den kommenden Ereignissen. Ich habe euch vorgewarnt, damit ihr euch sowohl körperlich als auch spirituell vorbereiten könnt. Ich wollte, daß ihr dem Kommenden in Frieden und mit Wissen begegnen könnt und nicht, daß ihr euch noch mehr ängstigt. Furcht ist sinnlos, wenn ihr zulaßt, daß sie euch zur Untätigkeit zwingt. Dies ist im Gegenteil die Zeit zum Handeln. Es ist Zeit für alle Menschen, sich daran zu erinnern, wer sie sind. Alle Menschen sind die Schöpfung des liebevollsten und friedfertigsten Seins, von Gott, unserem Vater.

Ich bringe euch Frieden; den Frieden, der es euch erlaubt, in Freude zu leben – den Frieden, der euch Trost und die

Gewißheit schenkt, daß das, was heute geschieht, eine Lösung finden kann; Frieden in der Gewißheit, daß nichts verloren ist, und daß alles am Ende zu ihm zurückkehrt, zu Gott, der uns alle erschuf. Ich bitte euch inständig, findet seinen Frieden im Zentrum eures Herzens. Seid im Frieden; seid in der Liebe. Schließt Frieden mit euch selbst, mit eurem Leben und mit eurer Zukunft. Seid in Frieden mit eurem Bruder und eurem Nächsten. Es ist an der Zeit, eure streitbare Natur loszulassen und in Frieden zu sein. **Um Frieden in der Welt zu verwirklichen, ist es notwendig, daß jeder Mensch bereit dazu ist, nach ganzen Kräften mit sich selbst Frieden zu schließen.** Dies wird von euch Hingabe erfordern und die Entschlossenheit, Frieden in jedem Bereich eures Lebens zu verwirklichen.

Ich bitte euch nicht um Unmögliches, sondern um etwas, das euch große Freude schenken wird. Ein friedvoller Mensch ist ein freudvoller Mensch. Das ist die wahre Natur der Freude. Im Überfluß von Liebe und Frieden zu leben ist eine Freude. Lebt in Frieden, auch wenn sich euer Leben wandelt. Lebt in Freude, obgleich ihr seht, daß Veränderungen stattfinden. Mit Sicherheit geschieht alles in Übereinstimmung mit dem reinen Willen Gottes. Nichts geschieht in der Welt ohne seine Planung. Wenn Gott Dinge verändert, ist es immer zum Besten.

Betet, meine Kinder, betet für jeden, den ihr kennt und für jeden, der heute auf der Erde lebt. Betet für die Kinder und Jugendlichen, daß sie zu ihrem inneren Selbst finden und die Liebe fühlen, die ihr wahres Wesen ausmacht. Laßt Gebet eure innere Freude sein. Laßt es zu einem Vergnügen werden, zu eurem inneren Vater zu sprechen. Seid dankbar für die bevorstehenden Ereignisse. Wenn ihr durch die Stadt oder übers Land fahrt, laßt Liebe aus eurem Herzen strömen.

Erlaubt der Liebe, in eure Gebete für die Kinder dieser Welt einzufließen. Mit Sicherheit ist es nicht nur dieses Land, das Probleme mit Angst hat. Angst gibt es reichlich in dieser Welt. Betet für die Gegenden dieser Welt, die sich immer noch im Krieg befinden. Sendet eure Liebe zu jenen, die Böses zu tun scheinen. Es wird Liebe sein, die in den Nationen, die sich jetzt im Krieg befinden, endlich zum Frieden führt. – Selbstliebe und Liebe für ihr Land wird die Menschen dort erfüllen. Was kann Gutes daraus entstehen, ein Land auseinanderzureißen, nur um ein bißchen mehr Boden zu gewinnen? Es ist Angst, die die Sichtweise der Menschen vernebelt. Angst ist es, die Menschen dazu verleitet, jede Handlung zu rechtfertigen.

Betet für diese Welt. Betet jeden Tag und in jeder Art, die euch angenehm erscheint. Jedes Gebet wird erhört. Darum bitte ich euch mit großer Liebe. Ich danke euch für euer Mitwirken und eure Treue.

Maria, die Mutter Jesu

13

Tut Gutes

12/93

In den letzten Jahren ist aus unseren Weihnachtsbriefen der Wertschätzung und Anerkennung, die wir uns gegenseitig im Familienkreis schreiben, eine richtige Tradition geworden. Während eines Familientreffens 1990 baten uns die Bruderschaft, Maria und Jesus, diese Briefe zu schreiben. Ich schreibe einen Brief an Byron und jedes unserer Kinder. Darin sage ich ihnen, womit sie mich in dem vergangenen Jahr besonders glücklich gemacht haben, und worüber ich besonders dankbar bin. Jeder von ihnen tut das gleiche. Auch unsere Brüder, meine Schwester und beide Elternseiten gehören inzwischen mit dazu. Unser jüngster Sohn sagte einmal zu Weihnachten, daß sein Brief der Wertschätzung und Anerkennung ihm mehr bedeute, als irgend etwas, das wir ihm in einem Laden kaufen könnten. Im ersten Jahr war es leicht, weil ich auf ein ganzes Leben zurückgreifen konnte. Diese Briefe haben uns all das Gute in unserer Familie bewußter gemacht. Wir merken auch, daß wir dadurch dankbarer werden. Das Wissen darum, daß wir uns zu Weihnachten Briefe der Anerkennung und Wertschätzung schreiben, hat uns dazu ermutigt, das Beste in jedem von uns zu sehen.

Dies ist mein Brief der Wertschätzung und Anerkennung für jeden von euch. Am Anfang war mir nicht klar, wie sehr Marias Botschaft an die Welt *andere Menschen berühren würde. Ich wollte niemandem begegnen, keinen kennenlernen, der das Buch gelesen hatte, weil ich fürchtete, daß ich den Erwartungen der Leute nicht gerecht würde. Ich hatte nie das Gefühl, für meine Arbeit irgendwelche besonderen Privilegien zu verdienen. Für mich war das einfach eine Sache zwischen Mutter Maria und mir. Durch den Nachrichtenbrief hatte ich das Privileg, mit euch in Verbindung treten zu können. Ich habe viele Briefe erhalten, habe mit Leuten, die ich persönlich nicht kannte, telefoniert und bin auf meinen Reisen unzähligen Menschen begegnet. Heute schreibe ich an euch wie an gute alte Freunde. Ich schätze wirklich ehrlich jeden einzelnen von euch und möchte euch für eure Unterstützung danken. Ihr wart ein solcher Segen für mich! Es ist für mich einfach wunderbar, wenn ihr mir erzählt, wie ihr das Buch gefunden habt, und welche Veränderungen die Botschaft in eurem Leben bewirkt hat. Euch zu treffen und mit euch zu sprechen, hat mein Leben wirklich bereichert. Von ganzem Herzen danke ich den Menschen, die meine Reisen gesponsert und sich so liebevoll um mich gekümmert haben. Ich danke Gott für euch und für das große Privileg eurer Freundschaft und Liebe.*

– Annie

MEINE LIEBEN KINDER, ich bringe eine Freudenbotschaft zu allen Menschen, die Jesu Geburt auf Erden feiern. Er war eine Freude für uns, seit er in dieses Leben trat. Und er schenkte Freude an allen Tagen, die er auf Erden lebte. Er liebt die Menschen und arbeitet immer noch eng mit ihnen zusammen. Ruft ihn an, bittet ihn, daß er euch in euren Gebeten und Meditationen zur Seite stehe. Ruft Jesus als Christus an, damit er euch verstehen helfe, wie wichtig eure Gebete sind. Es ist seine Lust und seine Freude zu helfen. Mein Werk auf Erden ist es, eure Aufmerksamkeit auf die Gebiete in eurem Leben lenken, die ihr noch bessern könnt. Jeder Mensch auf Erden kann sich bessern und seine Gebete und Meditationen noch verstärken. **Jeder Mensch**

kann seine Fähigkeit verbessern, zu vergeben und zu lieben. So ist meine Bitte, daß ihr mehr Zeit in Gebet und Meditation verbringt, daß ihr genug liebt, um allen Menschen unterschiedslos vergeben zu können und daß ihr die Liebe, die ihr zur Weihnachtszeit ausstrahlt, über das ganze Jahr hinaus verschenkt.

In der Weihnachtszeit gibt es viele Menschen, die gute Werke tun. Sie fühlen sich dann besonders betroffen durch die vielen armen Kinder. Sie schenken den Menschen, die sich selbst nichts leisten können, Spielsachen und Lebensmittel. Aber sie schenken nur in dieser Zeit. Dehnt euren guten Willen über das ganze Jahr aus. Seht zu, daß Kinder die Möglichkeit haben, sich das ganze Jahr über ihres Lebens zu freuen, und nicht nur in diesem einen Monat. Ich bemerke in der Weihnachtszeit Menschen, die bereitwillig Unbekannte anlächeln, jedoch den Rest des Jahres die Fremden nicht beachten. Wenn ihr in diesem einen Monat Betroffenheit empfindet, so könnt ihr diese doch aufs ganze Jahr ausdehnen. Gott schenkt euch seine Güte auch das ganze Jahr über. Er verströmt seine große Liebe und seinen Überfluß an jedem Tag eures Lebens. Warum haltet ihr alles, was ihr empfangt, elf Monate des Jahres zurück und gebt nur einen Monat lang davon?

Es ist Gottes große Freude, euch täglich zu lieben, mit Sonnenschein, Regen, mit Blumen und mit Nahrung, mit Vergebung und mit Freude. Warum gebt ihr eurem Nächsten nicht dasselbe? Ich möchte, daß ihr Gott genug liebt, um seiner Schöpfung Gnade, Liebe und guten Willen entgegenzubringen. Ich bitte euch, für alle Menschen dieser Welt zu beten. Es werden eure Gebete sein, die einen Zeitaufschub gewähren, damit mehr und mehr Menschen zu ihrem spirituellen Selbst erwachen können. Durch eure guten

Taten werden die Menschen verstehen, daß es Liebe und Frieden auf der Erde bereits gibt. Ich bitte euch um liebevolle und gute Taten und um immer mehr guten Willen an jedem Tag. Übt euch im Lächeln und darin, andere zu ermutigen. Übt friedliches Handeln, und erlaubt nur friedlichen Gedanken durch euren Kopf zu ziehen. Vergebt täglich: Euch selbst, euren Lieben und allen Menschen. Vergebt und betet für alle, die Verantwortung tragen. Betet besonders für jene Menschen und Länder, die sich im Krieg befinden. So wird noch heute guter Wille und Frieden der Erde geschenkt.

Was könnte schon an Gutem aus euren Gebeten hervorgehen, wenn ihr selbst unfreundlich und in eurem Innersten unfriedlich seid? Eure Gebete müssen mit euren Taten übereinstimmen. Eure Taten werden anderen zeigen, wie ihr fühlt und denkt. Betet darum, selbst täglich in Frieden zu sein und so zu lieben, daß alle Vorurteile für alle Zeit verschwinden. Betet täglich so, daß ihr die kämpferische Natur der Menschen auslöscht. Ihr sollt euch nicht länger als Krieger in Schlachten sehen. **Denkt von euch selbst als liebende Werkzeuge des Friedens.**

Seid in Frieden mit euch selbst, mit eurem Leben und mit euren Lieben. Legt alte Familienstreitigkeiten beiseite. Was soll es Gutes bewirken, wenn ihr über große Gedanken sprecht und philosophiert, ihr jedoch in eurem Herzen Groll gegen euren Bruder, eure Schwester oder eure Eltern hegt? Was soll es Gutes bewirken, einen liebevollen Gedanken oder eine gute Tat aus Furcht zurückzuhalten? Legt die Ängste und Sorgen, die noch in euch sind, ab. Betet für eure Lieben und für euch selbst. Betet für eure Welt und alle Erdenbewohner. Auf diese Weise verbreitet ihr liebende Gedanken und Taten.

Verbindet diese liebenden Gebete mit liebevoller Handlungsweise und mit gütigen Taten. Verbindet euch dem Frieden, den ihr in eurem Herzen sucht, und werdet friedfertig in eurem Wesen und mit jeder Tat. Löscht das Feuer des Mißbrauchs durch Gebete und durch Vergebung aus. Löscht das Feuer des Krieges durch Gebete für Frieden aus. Das ist meine innige Bitte an euch. Wenn es euch gelingt, diese Bitte zu erfüllen, so werdet ihr viel mehr Lust und Freude in eurem Leben erhalten.

In Liebe und in vollkommenen Frieden zu leben, ist die größte Freude, die es gibt. Ich liebe euch, und ich bin dankbar, daß ihr meine Bitten anhört. Denkt immer daran, daß ihr den Schlüssel zum Frieden in der Welt in euren Händen haltet. Durch das Herz jedes einzelnen Menschen wird die Wirklichkeit des Friedens auf Erden erkannt werden.

Maria, die Mutter Jesu

14

Ihr seid Geist in eurem Wesen

2/94

IMMER WIEDER, wenn ich eine Botschaft erhalte, vollzieht sich tief in mir eine Verwandlung. Ich weiß, daß es so ist, weil ich dazu aufgefordert werde, Schritte und Handlungen zu unternehmen, die eine Heilung meiner Beziehungen vollenden. Ich hatte gedacht, die Arbeit des Vergebens abgeschlossen zu haben, doch immer wieder werden mir alte Themen in neuer Gestalt vor Augen geführt. Immerhin mache ich offensichtlich Fortschritte, denn momentan geht es um meine jetzige Familie, die wir begründeten, als meine Kinder geboren wurden, und nicht mehr um Probleme aus meiner Ursprungsfamilie.

Es scheint so, als ob mir jedes Mal, wenn ich denke, „jetzt hab ich's“, das Universum etwas Neues zuspielt, um sicherzugehen, daß ich es auch wirklich verstanden habe. Alte Verletzungen kehren zurück, um erneut vergeben zu werden. Fast scheint es auf den ersten Blick so, als müsse ich ein und dasselbe immer und immer wieder von neuem vergeben; in Wirklichkeit aber vergebe ich wohl auf einer anderen Ebene und vielleicht auch für andere Zeiten. Immer und immer wieder wird mir gesagt, daß spirituelles Leben bedeutet, zu vergeben und alten Zorn loszulassen. Spirituelles Leben beinhaltet also die innere Arbeit des Vergebens, des Friedenschaffens und des liebevollen Umgangs mit Menschen, die uns in irgendeiner Weise verletzt haben. Die Verletzung kann emotionaler, mentaler oder körperlicher Art sein. Lieben heißt, sein Gegenüber anzunehmen, wie er ist, und wo er in seinem Lernprozess gerade steht. Wir können auch ganz ohne Anhänglichkeit lieben, wenn es sich um einen Menschen handelt, den wir nicht an uns binden, nicht in unserem Leben haben wollen.

Oftmals denken wir, wir seien spirituell, wenn wir spirituelle Bücher lesen, hochtrabende spirituelle Gedanken denken oder bedeutsame Worte sagen. Aber das, sagt Mutter Maria, sei nicht wahr. Spirituell sein, heißt leben, was man glaubt; wirklich die Worte leben, die man ausspricht. Oder, wie meine Freundin Anita es ausdrückt: es ist ein „Durchschreiten des Gesagten". Diese Art von spirituellem Leben ist viel schwieriger, aber der Lohn ist dafür auch besonders groß. Und ein solches Leben ist sehr heilend, nicht nur für uns selbst, sondern für unsere Familie und unsere ganze Welt.

– Annie

✧ ✧ ✧

MEINE LIEBEN KINDER, heute bringe ich gute Nachrichten für euer spirituelles Erwachen. Ich bringe Gaben der Freude und der Liebe. Mein Herz ist überglücklich über die Arbeit der Menschen an sich selbst. Und diese Arbeit geht von da aus, wo euer eigentlicher Lebensmittelpunkt ist. Ihr mögt zwar glauben und fühlen, daß ihr in einer bestimmten Stadt oder in einer bestimmten Gegend der Welt lebt. In Wahrheit lebt ihr jedoch in eurem Herzen. All die Freuden, Sorgen und Gedanken vollziehen sich in Wirklichkeit in eurer Herz/Seele-Verbindung zum Geist. In eurem irdischen Bewußtsein wird dies vom Herzen wahrgenommen. Wenn ihr euch selbst kennt, so wißt ihr auch, wie ihr wirklich in dieser Herz/Seele- Verbindung fühlt. Hier wird euer inneres Bewußtsein geweckt. Dies ist der Teil von euch, der das Wissen davon, wer ihr in Wahrheit seid, nie verloren hat.

Die gute Nachricht, die ich bringe, ist das Wecken eurer Erinnerung daran, wer ihr wirklich seid. **Ihr seid von eurer Natur her Geist.** Identifiziert euch mit eurem geistigen Wesen, hört auf eure innere Stimme, schaut darauf, was aus eurem tiefsten Herzensgrunde kommt. Auf diese Weise wird sich euch euer wahres Selbst offenbaren, das aus Göttlicher Liebe, Heiterkeit und Ewiger Weisheit besteht. Dies ist in Wahrheit euer Wesenskern. Identifiziert euch mit eurem wahren Wesen und spürt die Liebe und Freude, die dieses Wissen mit sich bringt.

Denkt nicht länger in Kategorien von Hautfarbe, Rasse oder Karriere. Ihr seid mehr als das. Ihr seid viel mehr als alles, was ihr auf Erden tut. Ihr seid viel mehr als euer finanzielles Einkommen. Ihr seid viel mehr, als der physische Körper, der euch beherbergt. Ihr, meine Kinder, seid von Natur aus göttlich, seid Geist, und daher so unendlich wie das Leben selbst. Identifiziert euch mit eurer Realität, die mehr als dieses Erdenleben und die irdische Wirklichkeit ist. **Eure wahre Realität ist Geist: Aus Geist wurdet ihr erschaffen, und im Geist lebt ihr.**

Viele unter euch machen sich Sorgen wegen des Klimas, wegen ihrer Familie, ihres Berufs oder wegen der Finanzen, der Erziehung und überhaupt fast allem, was in ihrem Leben geschieht. Versteht: das, worauf ihr euch konzentriert, liebt ihr auch. Das, was ihr wichtig nehmt, ist gleichzeitig das, was euer Leben ausmacht. Ich sage euch, daß Sorge nie der rechte Weg sein kann. Das Gebet ist die Antwort. **Gebet ist nicht nur das Fragen, sondern auch die Hingabe an den Vater im Inneren.** Ich meine damit nicht, daß ihr euer Leben und das, was in eurem Leben geschieht, nicht ernst nehmen sollt. Ich möchte euch nur verdeutlichen, daß ihr mehr seid als dieses Leben, viel mehr als das, was in eurem

Leben geschieht. Ihr, meine Kinder, seid liebevolle Nachkommen des Großen Schöpfers. Ihr werdet göttlich geliebt, umsorgt, und ihr werdet geführt von den liebevollsten, sanftesten Wesen und Engeln.

Ihr habt Vollmacht über euer Leben. Ihr seid frei zu wählen; und es geschieht durch eure Wahl, sowohl bewußt als auch unbewußt, daß ihr lebt. **Wenn ihr euch daran erinnert, wer ihr seid, steigert sich eure Wahrnehmungsfähigkeit und eure Konzentration.** Ihr wirkt von dem Punkt Göttlichen Lichts aus, der euch Leben gibt. Wenn ihr euch daran erinnert, daß ihr in Wahrheit Geist seid, hebt ihr eure Bewußtseinsebene. Wenn ihr euch eurer wahren Natur, eures wahren Selbst bewußt werdet, bringt ihr sowohl Freude, als auch Liebe aus Gottes persönlichem großen Vorrat in euer Leben.

Die Menschen müssen sich unter allen Umständen darauf besinnen, wer sie sind. Denn es ist für die gesamte Menschheit von großem Nutzen, wenn aus der Herz/Geist-Verbindung zu Gott heraus gehandelt wird. Auf diese Weise nützt ihr nicht nur euch selbst und euren Nächsten, sondern ihr hebt auch die Erkenntnis und das Bewußtsein der gesamten Menschheit. **Ich sehe euch in eurer ganzen Herrlichkeit. Ich sehe euch, wie ihr in Wahrheit seid, strahlend durch das Licht Gottes, leuchtend mit der Liebe Gottes, und fröhlich im Frieden Gottes. Mein Wunsch ist, daß ihr euch darauf besinnt, daß ihr das wirklich seid.** Denn so, und nicht anders, ist euer wahres Wesen.

In der kommenden Zeit des Aufruhrs auf Erden wird es euch helfen, euch an euer wahres Wesen zu erinnern: Eure innere Führung zu hören, wahrzunehmen, was um euch herum in Wirklichkeit geschieht, und an dem Ort zu sein, aus dem heraus ihr wirkt. **Die Herz/Seele-Verbindung zum**

Geist ist in eurem Leben viel wesentlicher als alles, was eurem Körper geschieht. Viele Menschen verbinden sich in Zeiten der Not mit dem Geist, aber warum auf Not warten, um zu eurer geistigen Verbindung mit Gott zu kommen? Warum aus einer aussichtslosen Perspektive leben? Es ist euer Recht und euer Privileg, jetzt schon in der Wahrheit zu leben. **Freut euch und lebt in Liebe und in vollkommener Erkenntnis eures wahren Selbst.**

Meine Kinder, richtet die Niedergeschlagenen mit Gedanken der Liebe auf. Laßt die Liebe frei strömen. Stimmt das Lied der Freude an, und unterstützt die Menschen darin, sich darauf zu besinnen, daß auch sie viel mehr sind als ihr Körper, mehr, als dieses eine Leben, oder als die Sorgen, die sie heute plagen. Helft ihnen, sich daran zu erinnern, daß auch sie von ihrer Natur her geistige Wesen sind, weise aus ihrem Inneren heraus und voller Liebe des Geistes. Dies ist ein Erwachen der Wahrheit auf Erden. Durch eure Herz/Seele-Verbindung zum Geist habt ihr die Möglichkeit, Frieden auf die Erde zu bringen.

Betet für diejenigen, die vergessen haben, was ihr wahres Wesen ist. Betet für die Entmutigten und die Niedergeschlagenen. Betet für die Menschen, daß sie sich erinnern, wer sie in Wahrheit sind, damit sich die Dinge in ihrem Leben und auf Erden wandeln können. Ihr müßt eure Gebete unbedingt mit liebevollen Gedanken verbinden. Und Gebete sollten in eurem Leben allem anderen voran stehen. Hört, meine Kinder, nicht jeder wird reagieren wie ihr, wenn er sich erinnert. Manche reagieren mit Tränen, andere mit Lächeln, andere wieder mit Bestürzung, und wieder andere werden es bestreiten. Betet getreu weiter; und haltet an der Erkenntnis eurer und jedermanns Göttlichkeit fest, ebenso wie an eurer Verbindung zum Geist/Herzen Gottes, unseres

Schöpfers. Laßt die Menschen so sein, wie sie sind. Ihr müßt lernen, in ihnen das zu sehen, was sie in Wahrheit sind. Es ist eure Aufgabe und eure Freude, ihre strahlende spirituelle Natur zu sehen. Seht sie und euch selbst in ihrem, in eurem vollen Glanz.

Ich genieße das große Vorrecht, vom Vater dazu erwählt zu sein, euch diese Botschaft zu bringen. Ich bin dankbar und glücklich, mit euch, die ihr meine Botschaft gelesen habt, so eng verbunden zu sein. **Laßt uns gemeinsam daran arbeiten, Liebe, Frieden und Hoffnung in diese Welt zu bringen.** Wir betrachten die Menschen dieser Welt nicht als irgendeiner Nation zugehörig, sondern als Kinder Gottes. Wir werden sie in Gedanken der Liebe und des Friedens einhüllen. Wir werden daran arbeiten, Liebe, Frieden und Hoffnung zu verströmen. Es ist mir ein Vergnügen, diese Freudenbotschaft zu bringen. Ich danke euch aus tiefstem Herzen. Ich liebe euch mit allem, was an Liebe in mir ist.

Maria, die Mutter Jesu

15

Überwindet die Angst vor dem Tod

4/94

AM 15.FEBRUAR 1994 trafen wir uns zu einem, wie Mutter Maria es nannte, Aufruf zum Gebet. Am vergangenen 15. August 1993 bat sie uns am Joe Pool Lake, alle drei Monate zu Gebet und Meditation zusammenzukommen. Im November fuhren wir zum See, aber im Februar waren wir in einer hiesigen Kirche. Die Kirche war erfüllt von Rosenduft, und Bilder eines weiblichen Gesichts hingen schemenhaft an der Wand. Unsere Gebete galten der Welt und allen Menschen. Wir beteten für die Länder, die sich im Krieg befinden, und für jene, die einen Krieg beabsichtigen. Wir beteten darum, daß Frieden und Liebe in die Herzen der Menschen einziehen mögen.

An jeder Rose sitzen zahlreiche Dornen – doch wie sehr lieben wir die Rosen, auch mit ihren Dornen! Wie sehr ich dieses Leben jetzt liebe. Das war nicht immer so. Aber heute kann ich sagen: „Ich danke dir, Gott, daß du die letzten Jahre zu den aufregendsten meines Lebens gemacht hast. Ich danke dir, Gott, für das große Geschenk, mit unserer Mutter Maria arbeiten und ihre Stenographin und Helferin sein zu dürfen. Danke, Gott, daß du mir die Freude hast zuteil werden lassen, all deinen wundervollen Kindern zu begegnen."

– Annie

MEINE LIEBEN KINDER, ich komme, um euch eine Botschaft der Freude und Hoffnung zu bringen – freut euch mit mir, daß dies wieder eine Zeit der Erneuerung ist. Ich bitte euch eindringlich: verpflichtet euch von neuem dazu, in eurem Inneren nach eurer Verbindung zu Gott, dem Schöpfer von allem, zu suchen. Nur durch eure allereigenste göttliche Verbindung werdet ihr eure innere Führung wahrnehmen. **Gott spricht in der Stille zu euch.** Verbringt Zeiten der Stille in dem Bewußtsein, daß dies die Zeit ist, in der Gott direkt zu euch spricht. Laßt eure Freude wachsen, denn mit ihr wächst auch die Hoffnung. Freude und Hoffnung werden euch durch viele schwierige Situationen und Umstände tragen.

Im Frühling habt ihr Jesu Tod und Auferstehung gefeiert. Besinnt euch darauf, was dies bedeutet: Das Leben ist ewig und grenzenlos. Mein Sohn kam, um der Menschheit alle Angst vor dem Tod zu nehmen. Der Tod ist ein wesentlicher Teil des irdischen Lebens. Nur durch den Tod kehrt man zur realen Welt des Geistes zurück. Durch die Auferstehung Jesu wurde euch gezeigt, daß das Leben fortwährt und ewig ist. Er zeigte den Menschen, daß ihr wahres Wesen reiner Geist ist. Einige Menschen durften seinen geistigen Körper sehen.

Tut, was immer euch möglich ist, um eure Angst vor dem Tod zu überwinden. Betet darüber und erlaubt dem Großen Tröster, euch Frieden zu bringen. Wenn es euch gelingt, eure Angst vor dem Tod zu besiegen, so werdet ihr Gott fortan viel stärker und besser dienen können, wann immer er euch als sein Werkzeug braucht. **Besinnt euch darauf, daß der irdische Tod nur eine Rückkehr zur wirklichen Welt des Geistes ist.** Es gibt keinen Grund, sich vor ihm zu fürchten; auch solltet ihr euch nicht scheuen, vom Tod zu sprechen. Schaut auf den Frühling, auf die Erneuerung auf der Erde.

Seht, wie die Erde blüht und aus den Zweigen die wunderschönsten grünen Blätter brechen. Laßt dies euch gemahnen, daß ihr noch wunderbarer seid als die Bäume oder die Blumen. Ihr werdet immer weiterleben. Wenn ihr in die wirkliche Welt zurückkehrt, werdet auch ihr erneuert sein und im Geiste weiterblühen.

Meine lieben Kinder, dieses Gleichnis soll euch Entzücken und Freude bringen. Besinnt euch darauf, wie wundervoll Gott ist. Er schenkt euch ewiges Leben und Gutes in jeder Art und Weise. Er hat für euch wunderbare Orte zum Leben geschaffen. Jesus nannte diese Orte Gottes Häuser. Als ihn der Räuber am Kreuz darum bat, ihn nicht zu vergessen, sprach Jesus vom Paradies. Dies sollte offenbaren, daß nichts weiter nötig ist, als Gott ernsthaft und aufrichtig zu suchen. Pflegt nicht so sehr das Andenken an meines Sohnes Tod, sondern bewahrt euch die Erinnerung an seine Auferstehung. Tod ist einfach nur ein Hinschreiten von einer Seinsstufe zur anderen. Es war die Auferstehung, die den Beweis für ein ewiges Leben im Geiste offenbarte. Es ist eine Auferstehung, die alle Geistwesen feiern. Ich wollte, die Menschen auf Erden würden Jesus Auferstehung als Beweis für das ewige Leben feiern.

Schenkt dieses Wissen nicht Freude und Hoffnung? – Spürt ihr nicht das Wunder des Geistes? Laßt die Freude meines Sohnes in eure Herzen dringen, und laßt seine Fröhlichkeit auch euren Herzen und Seelen Hoffnung und Frieden schenken. Jesus war überglücklich und voller Freude, als er zum reinen Geist zurückkehren durfte. Und er hatte Grund zur Freude und zum Glücklichsein. Er hatte seine Sache auf Erden gut gemacht. Er hatte seinen Auftrag erfüllt; und durch sein Leben hat er der Menschheit die höchsten Möglichkeiten offenbart, die der Mensch als Kind Gottes hat. So kehrte Jesus zum rein Geistigen zurück zu einer freudvollen Zelebration des Lebens und einer Arbeit, die gut vollbracht war. Er wurde reichlich dafür belohnt, daß er sein volles Potential ausgelebt und eine so schwierige Aufgabe erfüllt hatte. Zum Paradies göttlicher Liebe zurückkehren zu dürfen, war seine Freude.

In der realen Welt des Geistes findet ihr alle Liebe, allen Frieden, den ihr auf Erden sucht. In dieser wundervollen Welt ist Gottes Liebe im Überfluß vorhanden und Wirklichkeit. Es wird selten ausgesprochen, doch ist es genau die Luft, die ihr atmet, das Licht, das erstrahlt, und die Wärme, die ihr empfindet. In dieser realen Welt des Geistes ist der vollkommene Frieden, an den ihr euch unbedingt erinnern müßt, solange ihr auf der Erde weilt. Wer in Gottes im Überfluß vorhandener Liebe ist, wird von seinem Frieden erfüllt und mit Gelassenheit und großen Trost reichlich beschenkt. Dies ist eure Wirklichkeit. Das ist es, was euch beim Tod des physischen Körpers erwartet. Deshalb kann Tod voller Freude sein und unermeßlich großen Trost mit sich bringen.

Laßt euer ganzes Sein von diesem erneuernden Geist durchdringen. Versteht! Erlaubt euch selbst, gelassen und friedvoll der Zukunft entgegenzusehen, voller Einsicht, daß Gott nur Gutes gibt, und daß auch das, was auf der Erde als Katastrophe erscheinen mag, in Wirklichkeit eine Erneuerung der Erdenergien ist. Die natürlichen Kräfte der Erde werden ins Gleichgewicht gebracht. Auch die Erde erneuert sich durch ihren bevorstehenden Tod. Nun rufe ich euch dazu auf, euch selbst zu erneuern: Erneuert eure Verbindung zum Schöpfer und zur Quelle. Erneuert euer Leben durch Gebet und Meditation. Bringt im Gebet euer ganzes, vollständiges Sein mit eurer ganzen Geschichte, mit all euren

Belangen und Problemen vor Gott. Laßt seine große Liebesenergie euren Geist, eure Seele und euren Körper erneuern. Empfangt die Gnade seines Trostes. Erinnert euch, daß ihr in alle Ewigkeit seine Kinder seid. Ihr seid aus seiner großen Liebe geboren. Lebt durch sein ewiges Leben, und laßt euch durch eure innere Verbindung zu ihm erneuern.

Betet, meine Kinder, betet die ganze Zeit. Verbringt Zeiten der Meditation und erlaubt Gott, in seiner eigenen, stillen Weise zu euch zu sprechen. So könnt ihr euch und euren Lieben helfen. Ich danke euch für eure Aufmerksamkeit und für eure Liebe. Gemeinsam können wir für diese Welt und all ihre wundervollen Einwohner beten. Gemeinsam können wir das Leben und die Liebe zelebrieren. Ich liebe euch immer.

Maria, die Mutter Jesu

16

Praktiziert Liebe durch Anerkennung

6/94

Es gibt jetzt ein neues Buch, das aus Material entstanden ist, das ich nie zu veröffentlichen beabsichtigt hatte. Botschaft an unsere Familien *ist insgesamt 595 Seiten lang(*) und enthält Unterweisungen, die ich für unsere eigene Familie erhielt.*

Ein Jahr, nachdem ich damit begonnen hatte, Mutter Marias Worte niederzuschreiben, aus denen schließlich ihr Buch Marias Botschaft an die Welt *hervorging, wurden wir darum gebeten, unsere Kinder zusammenzurufen. Wir sollten ihnen von unseren Unterweisungen erzählen. Ich habe diese Geschichte schon in meinen Vorträgen erwähnt.*

Wir waren eine bunt gemischte Familie. Ich habe drei Söhne aus einer früheren Ehe; und Byron hat zwei aus einer anderen Ehe. Mit den Jahren hatten wir einander natürlich kennengelernt, und wir gingen freundlich und höflich miteinander um. Aber wir fühlten uns nicht wirklich als eine Familie. Heute sind wir eine Familie. Und das entwickelte sich aus unseren Zusammenkünften, als wir gemeinsam etwas über unsere Spiritualität lernten. Heute begrüßen wir uns mit einer herzlichen Umarmung und begegnen einander in Liebe. Wir sind füreinander da, und wenn eines unserer Kinder Hilfe braucht, weiß es, daß es Geschwister hat, die auch zugleich Freunde sind.

---

* (Anm. d. Übers: in 2 Bänden erschienen, ch. falk verlag)

Als wir unsere Kinder anriefen, um ihnen zu erzählen, wozu wir aufgefordert worden waren, stimmten alle sofort zu. Wir hatten uns für den folgenden Sonntag nachmittag bei uns zu Hause verabredet. Nur einer unserer Söhne hatte Vorbehalte. Er trank seit dreizehn Jahren, seit seinen letzten Jahren auf der High school. Er fragte: „Mutter, werdet ihr beten?". Natürlich würden wir beten, und das sagte ich ihm auch. Dann meinte er: „Ich bin erwachsen, und ohne mein Bier gehe ich nirgendwohin. Ich glaube nicht, daß du mich wirklich dabei haben willst." Meine Antwort war: „Natürlich möchte ich, daß du kommst!" Aber ich sagte ihm auch, daß ich Maria um ihren Rat fragen würde.

Ich fragte Mutter Maria; und ihre Antwort war von großer Bedeutung, nicht nur im Hinblick auf auf diese eine Situation. Sie sagte: „Laßt ihn einfach so kommen, wie er kommen will. Wir werden auf sein Inneres achten, und wenn sich das Innere richtig anfühlt, so wird das Äußere schon für sich selbst sorgen." Sie ermahnte mich auch, mich mit Bemerkungen und überhaupt in meinem Verhalten zu seiner Situation – und ganz besonders in seiner Gegenwart – zurückzuhalten. Das fiel mir äußerst schwer. Doch ich wußte, daß ich schon jede Menge Fehler gemacht hatte, um ihn von dieser Sucht zu befreien. Ich hatte versucht, ihn zu bestechen, habe Druck auf ihn ausgeübt und ihn angefleht, daß er doch endlich aufhören solle zu trinken.

Dann kam der Tag, an dem wir uns treffen sollten; Byron und ich waren sehr nervös. Es ist gar nicht so leicht, deinen Kindern zu sagen, daß du mit Maria, der Mutter Jesu, sprichst, und ihnen zu erklären, wie dies alles zustande kam. Uns war auch klar, daß wir ihnen nicht verschweigen durften, welche Veränderungen auf der Erde zu erwarten waren, wenn wir schon einmal davon sprachen, daß wir Botschaften von Mutter Maria erhielten. Natürlich machten wir uns auch Sorgen, daß wir sie damit ängstigen könnten. Oder vielleicht würden sie uns sogar für Spinner halten? –

Doch es kam alles ganz anders; unsere Kinder lernten zu beten und zu meditieren. Sie lernten, sich auf unseren Vater, den Schöpfer, zu verlassen und auf ihn zu trauen. Sie lernten, daß das Leben mehr ist als dieses eine Erdenleben. Und vor allem lernten sie bedingungslos zu lieben. Lieben wir nun ständig bedingungslos? – Nein, das gelingt uns wirklich nicht immer. Aber wir ertappen uns immerhin dabei, wenn unsere Liebe an Bedingungen geknüpft ist. Wir haben gelernt, die Verantwortung für unsere Gedanken, Worte und für unser Verhalten zu übernehmen. Und durch die Lektionen ist das Leben von jedem von uns viel liebevoller und erfüllter geworden.

Schließlich wurde mir gesagt, ich solle diese Lektionen zusammenfassen und sie als Buch veröffentlichen, damit sie auch bei anderen Menschen so viel Gutes bewirken können wie in meiner Familie. Das war 1992, und ich war noch immer voller schrecklicher Ängste. Ich machte seit kurzem Vortragsreisen, und es war hart für mich, von zu Hause fort zu sein. Ich schob diese Bitte einfach beiseite und verdrängte sie, denn zu dieser Zeit befand ich mich gerade in einer wichtigen Phase meiner Heilung von sexuellem Mißbrauch in meiner Kindheit. Wenn ich doch einmal darüber nachdachte, so konnte ich mir nicht vorstellen, wie aus diesen sehr persönlichen Lektionen je ein Buch werden sollte, oder wie ich es anfangen sollte, ein Manuskript daraus zu machen. Deshalb wurde Byron 1993 von der Bruderschaft und von Mutter Maria dazu aufgefordert, diese Arbeit zu übernehmen und die Lektionen zu einem Buch zusammenzufassen und herauszugeben. Dazu waren viele Arbeitsstunden und viel Ausdauer nötig, aber er machte es. Wir beide bemühten uns sehr darum, diese Lektionen, die doch unserer Familie galten, so abzufassen, daß sie für jeden Leser paßten. Mit der Hilfe von Mutter Maria, Jesus und der Bruderschaft wurde dieses Buch vollendet; und jetzt kann man eigentlich nicht mehr sagen, daß die Lektionen anfangs unserer Familie galten. Allerdings sind die Botschaften nun für jedes Heim und jede Familie so zutreffend, daß sie wieder ganz persönlich auf jeden wirken, der sie liest.

Letzte Woche, als ich das Buch, Botschaft an unsere Familien, *zum erstenmal in seiner fertigen Form sah, hörte ich folgende Worte von Mutter Maria: „**Ich sende einen Engel mit jedem Buch; und mit diesem wird nicht nur ein Engel geschickt, sondern auch ein Bruder, um den Menschen zart und liebevoll beiseite zu stehen.**" Als ich* Marias Botschaft an die Welt *1991 zum ersten Mal in der Hand hielt, sagte ich: „Mutter Maria, wenn irgend jemand auf dieses Buch stößt, dann wird es durch deine Führung sein." Sie antwortete: „**Ich sende einen Engel mit jedem Buch, und der***

Engel wird den Menschen helfen, durch ihre Ängste hindurchzugehen und bis zum Kern meiner Botschaft vorzudringen."
Die Engel haben eine wundervolle Arbeit geleistet, Menschen zu Marias Botschaft an die Welt *zu führen, und ich denke, sie werden dasselbe für die* Botschaft an unsere Familien *tun.*

Also, Freunde, freut euch an eurem Engel; und für diejenigen, die Botschaft an unsere Familien *bestellt haben: freut euch auch an eurem Bruder. Eine letzte Bemerkung zu unserem alkoholkranken Sohn; er ging etwa ein Jahr, nachdem wir begonnen haben, uns wirklich als eine Familie zu fühlen, in eine Reha-Klinik. Seitdem hat er sich von seiner Krankheit erholt. Er veränderte das Innere, und dann hat das Äußere wirklich für sich selbst gesorgt. Stellt euch vor: wenn genügend von uns ihr Inneres verändern, so wird das Äußere einfach für sich selbst sorgen! Etwas, worüber sich nachzudenken lohnt.*

– Annie

✧ ✧ ✧

MEINE LIEBEN KINDER, mit Freude komme ich heute. Ich will euch dazu anspornen, euch darin zu üben, stets liebevoll im Geist und im Herzen zu bleiben. Auch sollt ihr euch immer daran erinnern, daß ihr bedingungslos von eurem Schöpfer geliebt werdet. Liebt ihn mit eurem ganzen Herzen, mit Geist und Seele. Liebt euch selbst genauso vorbehaltlos. Wenn euch das gelingt, wird es euch leichter fallen, andere auch mit dieser vollkommenen Liebe zu lieben. Sie wird euch nie vorenthalten, und ihr sollt sie auch nicht vorenthalten. Übt Liebe durch Verständnis und durch Annehmen. Nehmt euch selbst so an, wie ihr jetzt gerade seid.

Unser Vater, der in euch ist, nimmt euch so an, wie ihr jetzt gerade seid. Wenn ihr dies einmal verstanden habt, so wird es euch leichter fallen, euch genau so zu akzeptieren, wie ihr seid. Akzeptiert, daß ihr auf Erden seid, um menschliche Lebenserfahrungen zu sammeln. Ihr werdet Fehler machen. Dies ist Teil eures Menschseins. Nehmt euch an mit all eurer Herrlichkeit und mit all euren Schwächen. Akzeptiert die Dinge, die ihr nicht ändern könnt, wie etwa euer Alter, eure Nationalität, Kultur, eure Veranlagungen und, so ihr sie habt, auch eure Behinderungen; ja, akzeptiert diese auch.

Lernt, euch selbst und den wahren Kern eures Herzens zu schätzen. Denn tief in eurem Herzinnern ist eine Liebe, die von Natur aus göttlich ist. Seid dankbar für euer Leben und diese Zeit auf Erden. Seid dankbar für die Lektionen, die ihr durch eure Erfahrungen gelernt habt. Erfahrung ist der beste Lehrer; und manche Lektionen können nur so gelernt werden. Seid dankbar für eure Familie. Manchmal ist es überaus schwierig, seine Familie zu schätzen. Aber es ist von großer Wichtigkeit, daß ihr das tut. Innerhalb der Familie und auch durch sie werden zahlreiche und sehr wesentliche Lektionen gelernt und viele Erfahrungen gemacht. Es gibt auf der Erde ein tiefes Bedürfnis der Zugehörigkeit, und es ist unbedingt notwendig, daß ihr die Familie schätzt, die ihr für euch ausgesucht habt, als ihr in dieses Leben kamt.

Seid dankbar für euer Los in diesem Leben, denn es bereichert euch. Beginnt, euer Haus zu würdigen, euren Besitz und eure Karriere. Schätzt eure Freunde und jene, die euch im Leben begleiten und begegnen, um euch Liebe zu lehren. Oftmals erkennen Menschen auf Erden nicht, daß **jene, die lieblos sind, ihnen die größten Möglichkeiten bieten, Liebe zu üben.** Der Lohn dafür, jene zu lieben, die euch auch lieben, ist gering. Von viel größerer Wichtigkeit ist es, jene zu lieben, die euch nicht achten. Was für eine großartige Gelegenheit, Liebe zu üben, allein um der Liebe willen und nicht zu eurem eigenen Vorteil!

Vergebung ist ein wesentlicher Bestandteil des Liebens. Denkt daran, alle Kränkungen zu vergeben, so klein sie auch sein mögen. Es ist gleichermaßen lohnend, die kleinen Dinge zu vergeben wie die großen. Wenn ihr die kleinen Dinge vergebt, ist es leichter, die größeren Probleme und Verletzungen zu vergeben. Vergebung befreit euch von Schmerz und Angst. Vergebung macht euch frei von zermürbender innerer Unruhe. Auf alle Fälle vergebt euch selbst jeden Tag. Jede Nacht, bevor ihr zu Bett geht, solltet ihr alle Kränkungen, Verletzungen und Fehler des Tages vergeben. Auf diese Weise befreit ihr euch täglich und könnt in innerer Liebe und in Frieden leben.

Außerdem ist es wichtig, daß ihr jeden Tag friedvoll mit allem umgeht, was sich in eurem Leben ereignet. Es ist notwendig, meine Kinder, jeden Tag friedvoll und voller Liebe zu leben. Schafft in allen Angelegenheiten, die euch vom Frieden abhalten, Frieden mit euch selbst. Macht Frieden mit eurem Leben, mit eurer Stellung in der Gesellschaft und mit eurer Existenz auf Erden. Seid friedlich im Umgang mit eurer Familie und laßt aus dieser friedvollen Atmosphäre noch mehr Frieden und Heiterkeit in eurem Geist und in eurem Leben wachsen. Laßt ab von all den kleinen inneren Kriegen, die wie ein Stachel in eurem Fleisch sind. Klärt alle Probleme in eurem Leben; und laßt euren friedvollen Geist von nichts und niemandem verstimmen.

Wenn ihr findet, daß ihr nicht in Frieden mit euch und eurem Leben seid, so ist es an der Zeit, zu vergeben und ehrlich zu schauen, was die Ursache dafür ist. Frieden wird nicht wie eine warme Decke vom Himmel herabsinken und die Erde sanft einhüllen. Frieden kommt nur durch die Herzen und den Geist der Menschen auf die Erde. Beginnt also noch heute damit, in Frieden zu leben. Und geht die innere

Verpflichtung ein, jeden Tag in Frieden zu leben. Blickt zurück auf die Vergangenheit und macht euch bewußt, was ihr vergeben und was ihr loslassen müßt. Manches werdet ihr besser ablegen, weil es euch nicht länger Frieden schenkt. Schaut auf die Gegenwart und seid in Frieden mit allem, was ihr tut – mit der Lage eures Heims, mit eurem Arbeitsplatz und mit eurem ganzen täglichen Leben. Wenn Veränderungen vorgenommen werden müssen, so tut dies unter Gebet, und bittet immer um die Hilfe, die ihr braucht.

Dann schaut auf die Zukunft und macht Frieden mit dem, was euch erwartet. Seid in Frieden mit der Tatsache, daß dieses Leben vorübergeht. Seid in Frieden mit eurer Sterblichkeit. Begreift, daß ihr in Wahrheit niemals sterben werdet, sondern für alle Zeit in Gottes Liebe und in seinem Frieden weiterlebt. Während eures Lebens auf Erden vergeßt ihr schnell dieses sehr wichtige Wissen. Seid in eurer Haltung immer voller Liebe und Frieden. Tut alles, was ihr tun müßt, um zu dieser Geisteshaltung zu gelangen. Tut es auf eure Weise und laßt euch stets führen, wenn irgendeine Frage auftaucht.

Denkt immer daran, meine Kinder, daß ich euch liebe wie Gott uns alle liebt – bedingungslos. Ich und meine Engel sind immer bei euch, wenn ihr uns ruft.

Maria, die Mutter Jesu

17

Hoffnung ist Vertrauen

8/94

DAS BUCH Botschaft an unsere Familien *wurde gut aufgenommen: viele beginnen nun mit eigener Gruppenarbeit, und andere bereiten sich darauf vor. Dies ist – da bin ich mir ganz sicher – genau das, was sich Mutter Maria und die Bruderschaft vorgestellt hatten, als sie mich dazu aufforderten, unser Material zur Verfügung zu stellen. Und doch sind viele von euch überrascht darüber, daß dieses Buch so ganz anders ist als* Marias Botschaft an die Welt.

Ich möchte euch daran erinnern, daß die in diesem Buch zusammengefaßten Lektionen ursprünglich als spirituelle Unterweisungen für unsere eigene Familie gedacht waren. Wir haben mit diesem Material an uns gearbeitet. Wir trafen uns einmal pro Woche und lasen die Lektionen, die an diesem Tage durchgegeben worden waren. Dann arbeiteten wir die ganze Woche über daran, die Lektionen in unserem Leben zu verankern und umzusetzen. Manchmal war es nötig, eine Lektion zu wiederholen, weil wir das Gelernte nicht gleich in unserem Alltag anwenden konnten. Mir wurde sehr schnell klar, daß es im Leben wirklich nicht darum geht, lediglich Daten oder Informationen zu sammeln; vor allem bringt uns das keinen Schritt weiter. Wir müssen die Dinge, die wir lernen, auch in unserem täglichen Leben nutzen. Nur das hilft uns weiter; und nur so können wir unsere Lektionen gut lernen. Wir müssen die Lektionen in unser Alltagsleben einbeziehen, ob diese Information nun aus Botschaft an unsere Familien *stammt oder aus einer anderen Quelle.*

Ein jeder von uns wird dieselbe Information auf andere Weise nutzen. Ich muß immer wieder daran denken, was Mutter Maria zu mir sagte, als sie mich ermahnte, ***die Botschaft zu leben****. Als ich sie fragte, wie ich das denn machen solle, war ihre Antwort: „Tu es, so gut du kannst." Mit der Zeit wußte ich zu schätzen, was das bedeutet. Für mich heißt es: „Solange ich mein Bestes gebe, tue ich, was ich tun muß, um spirituell zu wachsen." Mein Bestes mag einem anderen vielleicht nicht allzuviel erscheinen. Aber, wenn ich in meinem Herzen weiß, daß ich das Beste tue, was mir möglich ist, dann kann ich mich darauf verlassen. Wir können nicht beurteilen, was ein anderer Mensch zu tun vermag. Das kann nur er selbst, nicht aber wir.*

Ich glaube, daß noch ein ganz wichtiger anderer Aspekt aus der Gruppenarbeit hervorgehen wird: ich meine das Verständnis. Wie viel mehr Verständnis haben wir, wenn es uns gelingt, uns der Sichtweise anderer Menschen zu öffnen. Wieviel verständnisvoller werden wir, wenn wir zulassen, für das spirituelle Wachstum einer Gruppe benutzt zu werden. Ich möchte euch dazu ermutigen, euch zum Lernen und zur gegenseitigen Unterstützung in Gruppen zusammenzufinden. Unsere Gruppe wurde dazu aufgefordert, nicht mehr über einander zu urteilen; vielmehr sollten wir uns gegenseitig darin unterstützen, bedingungslos zu lieben. Und das war es sicher, was uns am meisten half zu wachsen. Wir lernten zu lieben, genauso wie wir geliebt werden wollten, nämlich bedingungslos.

Ob ihr euch nun in einer Gruppe trefft oder allein seid – bitte denkt daran, daß es nicht darauf ankommt, wieviel wir wissen, sondern einzig darauf, wie sehr wir das neue Wissen in unserem Alltagsleben nutzen. Die Lektionen hatten einen ungeheuren Einfluß auf unser Leben. Ich möchte euch dazu ermutigen, daß sie so auch auf euer Leben wirken. Es war eine wunderbare Lernerfahrung, eine, die immer weitergeht. Ich arbeite heute daran, das zu leben, was ich täglich lerne. Meine größte spirituelle Arbeit vollzieht sich in meinem Alltagsleben mit meiner Familie. Ich besinne mich immer wieder darauf, daß sie es sind, durch die ich lernen kann, bedingungslos zu lieben.

Ich bete, daß ihr euch stets eurer Verbindung zu der Quelle des alleinigen Gottes gegenwärtig seid. Ich bete, daß ihr das, was ihr braucht, auf liebevolle Weise bekommt; und ich bete, daß ihr die Glückseligkeit findet, die ich darin gefunden habe, mein Bestes zu tun, um ***die Botschaft zu leben.*** *Es war nicht immer leicht, aber ich tue es. Ich habe meine Ängste überwunden und habe, was das Schwierigste ist, mein Herz weitgehend gereinigt. Wenn das mir gelingt, dann könnt ihr es auch. Mir wurden keinerlei besondere Fügungen oder Hilfen zuteil. Heute weiß ich, daß ich euch nicht dazu ermutigen könnte, es auch zu versuchen, wenn mir von anderer Seite geholfen worden wäre. Glaubt mir, es ist so viel angenehmer, ohne ständig lauernde Ängste oder ungelösten Zorn zu leben.*
Ich kann heute wirklich sagen, daß ich glücklich bin.

Ich möchte euch, meine Freunde, dazu ermutigen, daß auch ihr das in euer tägliches Leben einbringt, was ihr gelernt habt und weiter lernt. Zusammen werden wir Mutter Marias Wunsch erfüllen. Wir werden endlich in Frieden leben.

– Annie

✧ ✧ ✧

MEINE LIEBEN KINDER, ich komme heute mit einer Botschaft der Hoffnung. Ich möchte, daß ihr täglich betet und keinen Tag verstreichen laßt, ohne mit dem Vater in euch in Verbindung zu sein. Auf diese Weise werdet ihr in Einklang mit eurer inneren Führung bleiben. Bitte vertraut darauf, daß ihr stets wissen werdet, was ihr tun müßt, und wann es zu tun ist. Denkt nicht, ein anderer wisse besser, was das Richtige für euch ist. Das wäre wirklich ein Trugschluß. Nur ihr allein, meine Kinder, könnt wissen, was das Beste für euch ist. Ihr habt die Gabe der Wahrnehmung. Durchs Gebet bleibt eure Verbindung zu Gott klar und rein, und das ist eure Hoffnung und Zuversicht.

Betet, wie ich es euch gelehrt habe. **Ihr sollt auf eure ganz eigene Weise beten. Denn Beten ist ein Gespräch mit Gott.**

Tut es, wie auch immer ihr wollt. Es kommt nicht darauf an, wie ihr betet; worauf es ankommt ist, daß ihr überhaupt betet. Allzu oft machen sich die Menschen Gedanken darüber, wie sie beten sollen, und vergessen ganz, daß es allein darum geht, mit Gott zu sprechen. Ihr betet die ganze Zeit, und es ist eure Pflicht, euch eurer Gebete bewußt zu sein. Ihr betet, wenn ihr euch sorgt und wenn ihr euch wundert. Ihr betet, wenn ihr nachdenkt und wenn ihr einem anderen Menschen Gutes wünscht. Achtet auf eure Gebete und seid sicher, daß ihr auch wirklich für das betet, was ihr euch wünscht, sowie für etwas, von dem ihr hofft, daß es sich in eurem Leben realisiert. Wenn ihr für eure Lieben betet, überlaßt das Ergebnis Gott; erlaubt ihm, in ihrem Leben zu wirken, weil er es am besten weiß. Gott sieht alles, er sieht sowohl ins Innere des Herzens eines Menschen, als auch auf seine äußeren Motive. Gott weiß, wie er euren Lieben das Höchste und Beste bringt. Sprecht zu eurem inneren Vater und erzählt ihm, was ihr für eure Lieben und für euch selbst ersehnt. Dann laßt das Ergebnis los; in seiner Weisheit weiß er stets, wie er euch am besten helfen kann. Vertraut auf Gottes Weisheit.

Traut darauf, daß das Ergebnis gut sein wird, wenn ihr wirklich loslaßt. Meine lieben Kinder, Gott gibt nur Gutes. Auf Erden kann Gutes in unterschiedlicher Gestalt kommen. Gutes kann aus jeder Situation entstehen, egal wie unheilvoll sie erscheinen mag. Gutes wird das Ergebnis sein, wenn dies eure Erwartung und eure Fügung ist. Nachdem ihr einmal gebetet und losgelassen habt, vertraut. **Vertraut in dem Bewußtsein, daß Gott gut ist; dann werden auch seine Antworten gut sein. Bewahrt euer Vertrauen und eure Hoffnung.**

Hoffnung ist das Wesentliche der Zukunft. Hoffnung ist eure Zuversicht auf die Macht und Liebe Gottes. Das ist das

Geschenk, das ich euch heute bringe: Hoffnung. **Hoffnung ist die Gabe, auf einen gütigen Schöpfer zu vertrauen.** Er wirkt aktiv an eurem Leben mit, wenn ihr es zulaßt. Gott wird sich solange nicht in euer Leben einmischen, wie ihr ihn nicht ausdrücklich um seine Hilfe bittet. Er liebt euch so sehr, daß er euch die Freiheit zugesteht, euer Leben allein zu gestalten. Er hat immer Hoffnung. Sein Vertrauen in euch ist unerschütterlich. Seine Liebe für euch ist bedingungslos. Sein Wunsch für euch ist, so liebend und friedvoll zu sein, wie er euch erschaffen hat.

Verschließt nicht die Augen vor dem, was euch in eurem Leben widerfährt, doch hofft darauf, daß euer Leben besser werden kann. Jeder Mensch macht im Laufe seines Lebens Erschütterungen durch. Wenn ihr das, was in eurem Leben geschieht, leugnet, so seid ihr unehrlich euch selbst gegenüber. Unehrlichkeit hat aber keinen Platz in eurem Leben. Ihr müßt schon einen genauen Blick auf eure Lebensumstände werfen, damit ihr wißt, was ihr beten sollt. Wenn eure Gefühle durch ständige Angst durcheinandergeraten sind, oder wenn ihr häufig zornig reagiert, so wäre es unehrlich, dies zu leugnen. Die Menschen verdrängen gern, was ihnen nicht angenehm ist. Aber sehr häufig zieht ihr gerade durch eure Verdrängungen genau das an, was ihr nicht wollt. Wenn es in eurem Leben Probleme gibt, wenn es regnet oder stürmt, so schaut ehrlich hin. Gesteht euch ein, daß dies eure Wirklichkeit ist. Betet darüber und habt Hoffnung, daß alles gut werden wird, wenn ihr es an Gott übergeben habt. Konzentriert eure Aufmerksamkeit nicht auf das Problem, sondern freut euch darauf, daß die Sonne wieder scheinen wird – und das wird sie. **Konzentriert euch auf Gott und dankt ihm voller Hoffnung, daß er euer Gebet erhört.** Schaut hoffnungsvoll und voller Vertrauen auf die Zukunft.

Meine Kinder, ihr merkt nicht, wie kraftvoll eure Gebete sind. Weil so viele Menschen sich zur Zeit im Gebet befinden und in ihrem Leben Fortschritte machen, verzögern sich viele meiner Voraussagen. Es gibt eine Gnadenfrist, und die Menschen werden Zeit haben, auf ihre innere Führung zu hören. Nicht nur ihr, die ihr diese Worte lest, habt gebetet. Auf der ganzen Welt beten viele Menschen um Vervollkommnung. Die Besserung kann sich auf die eigene Person beziehen, aber auch auf das Land. Die Menschen haben voller Liebe und Betroffenheit auf das Leiden der Länder reagiert, die so Schweres durchmachen. Viele Leute senden Nahrung und tun ihr Möglichstes, die Wasserqualität zu verbessern, und sie beten, daß die Welt besser wird. Zahlreiche Menschen übernehmen die Verantwortung für ihr Leben und bemühen sich ernsthaft darum, ihr Leben zu heilen, besonders auch von Mißbrauch jeglicher Art.

Da sich das Bewußtsein unter den Menschen gehoben hat und auch allgemein eine große Betroffenheit über das Problem des Mißbrauchs in Familien herrscht, konnten Überflutungen und Erdbeben verschoben und gemildert werden. **Erwartet die Voraussagen, die ich für dieses Jahr 1994 und das nächste Jahr gab, erst in einer Zeitspanne von sechs Monaten bis zu einem Jahr später.** Es ist wichtig, daß ihr betet. Es ist nicht nur wichtig für euch und eure Lieben; es ist wichtig für alle Menschen auf Erden. Wenn ihr euer Leben durch das Heilen alten Zorns und alter Ängste bessert, so wird die Menschheit insgesamt heiler werden. Dies ist die Hoffnung der Welt. Es wird von euch nicht mehr verlangt, als ihr tun könnt. Jeder Mensch ist dazu aufgefordert, für sich selbst Sorge zu tragen und die Verantwortung für seine eigene Heilung zu übernehmen. Es ist Zeit für die Menschheit, alle erlittenen Mißhandlungen zu heilen.

Ich bitte euch eindringlich, alle Mißhandlungen, die ihr euch selbst zufügt, zu beenden. Wenn ihr dazu neigt, euch selbst zu zürnen, so ist es nun an der Zeit, damit aufzuhören. Aller innerer Mißbrauch muß aufhören, bevor der äußere Mißbrauch ausgemerzt werden kann. Das ist eure Mission, und das ist die Hoffnung der Welt.

Betet, meine Kinder, und heilt eure Herzen und euren Geist von allen üblen Gedanken, Worten und Einstellungen. Betet, meine Kinder, für euch selbst und für eure Welt. **Ihr könnt wesentlich dazu beitragen, Frieden auf Erden unter die Menschen zu bringen.** Ihr könnt jetzt etwas tun. Lebt so, wie Gott euch zum Leben erschaffen hat – in Liebe, Frieden und in Hoffnung. Danke, daß ihr meinen Worten zugehört habt. Ich bete mit euch, für euch und an eurer Seite. Ich liebe euch so sehr; jeder von euch ist meinem Herzen teuer.

Maria, die Mutter Jesu

18

Kommt zum Gebet zusammen

10/94

Häufig werde ich gefragt, wie ich über das denke, was uns widerfahren ist. Von Anfang an habe ich gewußt, daß Marias Botschaft an die Welt *nicht meine ist, sondern eben die von Mutter Maria. Und so betrachte ich ihr Werk mit Staunen und Ehrfurcht. Ich habe zu unserem himmlischen Vater gebetet, daß das Buch nur dann gedruckt werden würde, wenn es wirklich in Übereinstimmung mit seinem Willen und seiner Wahrheit ist. Ich empfinde Demut, daß ich dazu auserwählt wurde, diese Botschaft hinauszutragen. Es ist für mich klar, daß* ***ich die Botschafterin bin und nicht die Botschaft.*** *Die Worte kamen durch mich, aber sie stammten nicht von mir. Ich arbeite hart daran, die Botschaft in meinem Leben wirksam werden zu lassen. Es gibt keine Zaubermittel, nur eine Menge Fleiß, Arbeit und Anstrengung; wenigstensn ist dies meine Erfahrung. Aber die Belohnung ist wunderbar. Bedingungslose Liebe, Frieden, Hoffnung, Freude und die Möglichkeit, sich wirklich mit seinem wahren Wesen verbunden zu fühlen.*

– Annie

MEINE LIEBEN KINDER, ich komme heute mit einem Geschenk der Hoffnung und der Freude. Mit Freude komme ich, um diese Hoffnungsbotschaft zu bringen. Die Menschen beten weiter und bemühen sich ehrlich um Besserung ihres inneren Wesens. Dieser Wunsch und die Gebete selbst sind ausschlaggebend dafür, daß sich die künftigen Katastrophen verzögern. Es wird auch in dieser Zeit der Gnade zu Erdbeben und Stürmen kommen, doch werden durch sie nur wenige Menschen ihr Leben verlieren.

Auf diese Weise haben noch mehr Menschen Zeit, ihre innere Arbeit zu vollenden, ihr Herz und ihren Geist von allem Groll, Ärger und aller Furcht zu reinigen. Diese inneren Gifte werden ausgewaschen. Aber für Frieden im Überfluß wird noch viel mehr Reinigungsarbeit nötig sein. Friede manifestiert sich auf Erden durch die Herzen von jedem heute lebenden Mann, jeder Frau und jedem Kind. Es gibt keinen Frieden in einem zornigen, furchtsamen Herzen oder Geist. Ich sehe, daß sich viele Menschen besinnen und sich des ernsten Zustandes der Erde und der heutigen Gesellschaft bewußt werden. Viele Menschen sind feinfühlig dafür, daß alle Gewalt ein Ende haben muß. Ich sehe Menschen, die nie daran gedacht haben, hervorzutreten und hinauszugehen, und die dies nun tun, um jungen Menschen zu helfen, die Liebe in ihren Herzen zu finden.

Menschen werden aufmerksam auf Ungereimtheiten bei den Regierungen und machen sich ein genaueres Bild über die sozialen Bedingungen ihres Landes. Sie fragen sich, ob im Hinblick auf Gesundheit, Unterkunft und Nahrung für alle gesorgt ist. Diese Betroffenheit und diese Erkennntnis machen das Gebet aus. Wenn ihr euch bewußt macht, daß ein Teil der Menschheit leidet, so wirkt das wie ein Gebet. Wenn ihr auf Leid aufmerksam werdet, so sendet ihr ein

Gebet mitten aus eurem Herzen. Jeder Mensch auf Erden kann beten. Jeder Mensch kann Leid erkennen und davon tief betroffen sein. Schaut euch die Kinder auf Erden an und seht, wie sie leiden, in diesem Land genauso wie in anderen Ländern. Tut für sie, was in euren Kräften steht. Ich weiß, daß jeder beten kann. Jeder Mensch kann ein gutes Wort sagen oder einen liebevollen Gedanken schicken.

Ich möchte euch dazu ermutigen, euer Herz von allen Vorurteilen und aller Befangenheit zu reinigen. **Jeder Mensch auf Erden ist ein Kind Gottes, und jeder Mensch ist wertvoll.** Betet für jene, die Gewalt suchen und ohne Hoffnung leben. Betet für die physisch Kranken und die Geisteskranken. Betet für die Kinder, wo auch immer und wie auch immer sie leben. Gott kennt sie bei ihren Namen und kennt ihre Bedürfnisse. Ihr könnt ihm sagen, was ihr wahrnehmt, und ihm eure Betroffenheit offenbaren. Betet für jene, die zu Gericht sitzen, ob es nun ihre Pflicht ist oder nicht. Viele Menschen sitzen zu Gericht über andere, ohne zu erkennen, daß das völlig unnötig ist. Gott ist der einzige, der richten kann. Ihr könnt nicht wissen, wie es im Herzen oder im Geist eines anderen aussieht. Daher seid ihr nicht diejenigen, die urteilen sollen.

Betet für die Alten und Gebrechlichen, denn sie haben nur noch wenig Zeit, um die Wunden der Vergangenheit zu vergeben. Betet für die Jungen, denn sie kennen ihre eigenen Stärken und Fähigkeiten noch nicht. Betet für die Jugendlichen, die sich in der Pubertät befinden. Sie werden mit so vielen Informationen bombardiert und besitzen noch nicht die Weisheit, eine gute Wahl zu treffen.

Betet für jene, die ihre inneren Ohren und Augen verschlossen haben, denn sie können nicht die Hoffnung sehen, nicht die Liebe oder den Frieden. Betet für die falsch Unterrichteten und jene, die jedem glauben, nur nicht dem, was aus ihren Herzen kommt. Betet für die Mißbrauchten und für jene, die zulassen, von einer anderen Person, einer Arbeit, der Umgebung oder durch Institutionen zum Opfer gemacht zu werden. Betet für die Menschen, die sich verschlossen haben, und nicht mehr nach Wahrheit suchen. Betet für diejenigen, die sich endlich öffnen und nun verwirrt sind. Betet, daß sie ihre Wahrheit finden und die Liebe, die tief in ihrem Herzen ist.

Es gibt noch so viel für euch zu tun. Viele Menschen brauchen das Gebet, und so wenige übernehmen bisher noch die innere Verpflichtung zu beten. Viele reden nur über das Gebet, fühlen sich aber nicht dazu aufgerufen, selbst zu beten. Richtet eine feste Gebetszeit für eure Nächsten ein. Betet für die Erde und betet für die Regierungen und Einrichtungen, daß sie tun, was sie tun müssen, um den bereits angerichteten Schaden auf Erden wieder zu beheben.

Kommt zusammen zum Gebet. Wo zwei oder mehr in Jesu Namen versammelt sind, da verspricht er, anwesend zu sein. Das gibt euren Gebeten zusätzliche Kraft und Energie. Durch eure Gebete für andere unterstützt ihr die Menschen auf dem Weg zur Erleuchtung. **Für andere zu beten ist das höchste Anrufen, das es gibt. Es ist eine höchst ehrenhafte und respektvolle Art, anderen Liebe zu erweisen.**

Nehmt Menschen nach Gruppen in eure Gebete mit auf, wie zum Beispiel die Mißbrauchten und die Gequälten, die Engstirnigen und jene, die ihre inneren Augen und Ohren mißachten. Dann sendet ihnen Gedanken der Liebe, bedingungsloser Liebe. Liebe heilt. Sie ist die beste Heilenergie, die es auf Erden gibt. Lernt, Menschen bedingungslos zu lieben. Dies befreit euch auch, und ihr werdet nie wieder enttäuscht sein. **Die bedingungslose Liebe kennt keine Enttäuschungen und kein Bedauern. Denn bedingungslose Liebe**

setzt keine Erwartungen und ist ohne Fesseln; sie will nichts und niemanden binden.

Tut euer Bestes, alle Menschen zu lieben; seht sie als eure Geschwister an, als Tanten, Onkel, Mütter, Väter und Kinder. Wenn mehr und mehr Menschen beginnen, einander mit bedingungsloser Liebe zu begegnen, so werden große Veränderungen stattfinden, und die Menschheit kann endlich in Frieden leben.

Ich liebe euch außerordentlich und bin sehr angetan von der Reaktion meiner Kinder, der Leser. Ihr seid wahrhaft getreue Kinder.

Maria, die Mutter Jesu

19

Friede auf Erden

12/94

*Dies ist mein **Weihnachtsbrief der Anerkennung** und Wertschätzung an die Menschen, die uns unterstützen und an alle, die sich für Mutter Marias neue Botschaften interessieren. In der Zeit, als unsere Familie zu Gebet und Meditation zusammenkam, wurden wir gebeten, einander „Briefe der Wertschätzung" zu schreiben. Inzwischen ist das schon eine Familientradition geworden. Letztes Jahr schrieb ich einen Brief der Wertschätzung und Anerkennung an euch.*

Bevor ich nun mit dem Brief beginne, möchte ich euch einige Gedanken mitteilen. Vor ein paar Jahren sagte uns unser jüngster Sohn – er ist jetzt Anfang zwanzig – daß für ihn die Briefe der Wertschätzung viel wichtiger seien als alle Geschenke, die er jemals von uns bekommen hatte. Jedes Jahr – das weiß ich – wird Byron mir schreiben, warum und wie sehr er mich schätzt und liebt. Und jedes Jahr ist es das, worauf ich mich zu Weihnachten am allermeisten freue. Meine Mutter, die 84 Jahre alt ist, sagt mir, sie lese ihre Briefe der Anerkennung immer und immer wieder, noch Wochen nach Weihnachten. Und obwohl wir diese Briefe schon seit mehreren Jahren schreiben, können wir nie genug davon bekommen.

Nun, meine Freunde, sende ich meine Liebe und aufrichtige Wertschätzung an jeden von euch. Ganz am Anfang wollte ich keine Post erhalten oder mit irgend jemandem sprechen. Nun bin ich euch für eure Briefe und Anrufe so dankbar. Es ist manchmal nicht leicht, bekannt zu sein, aber ihr habt mir durch eure Freundlichkeit und durch eure Akzeptanz sehr geholfen.

Ich danke allen Menschen von ganzem Herzen, die sich so viel Mühe gemacht haben, meine Workshops und Vorträge zu organisieren. Ihr ward wundervolle Gastgeber. Ich weiß, wieviel Streß mit der Organisation von Workshops und Vorträgen verbunden ist. Und dann habt ihr auch keine Mühe gescheut, weit zu fahren, um dafür zu sorgen, daß meine Unterkunft gemütlich und schön ist. An jedem Ort gab es Gruppen von Menschen, die wochenlang arbeiteten, um die erforderliche Vorarbeit zu leisten. Von Dayton in Ohio im März nach El Paso in Texas im Oktober – ich erinnere mich an euch alle und liebe euch. Ich denke an dieses ganze Jahr zurück, sehe eure lieben Gesichter vor mir und spüre die Freundschaft, die ich an jedem Ort erfahren habe.

Ich entsinne mich auch lustiger Erlebnisse, wie das in Erie, in Pensylvania, als ich aus einem Fenster in einen besonders schönen Hintergarten hinausschaute und zu Byron sagte: „Schatz, komm und schau, wie wunderschön es hier ist." Dann spürte ich einen Kopf dicht an meiner Schulter, und ein Fremder blickte neben mir zum Fenster hinaus; die Stimme sagte: „Ich bin nicht Ihr Schatz; aber ich bin schon ein Schatz." Diese Begegnung hat mir soviel Freude gemacht. Und sie erinnert mich wirklich daran, daß wir alle Schätze sind und vollkommen geliebt werden.

Ich entsinne mich besonderer Orte, etwa der Kopie des Lourdes-Schreins in Dayton, Ohio. Ja, ich bin wirklich sehr dankbar für die besonderen Augenblicke, die ich erfahren und für die inneren Botschaften, die ich empfangen habe. Ich erinnere mich an den Tag, als ich in Jersey Turnpike im strömenden Regen stand. Das war der Tag, den ich „meine Reise durch die Hölle" nannte, der mir aber heute nur noch als eine verregnete Reise in Erinnerung ist. Ich erinnere mich an die Schönheit dieses Landes von Vermont bis nach Kalifornien. Aber woran ich mich am meisten erinnere, und was ich am meisten schätze, ist die Schönheit der Menschen, denen ich an jedem Ort begegnet bin.

Dieses Jahr hatte ich die Gelegenheit, nach Kanada zu reisen und die Menschen kennenzulernen, die in diesem schönen Land leben.

Ich schätze Brad und die Gruppe in New London, die trotz des Regens zu mir kamen. Ich genoß es sehr, am „Festival der Freude" in Nelson, Britisch Columbia, teilzunehmen und die majestätischen Berge und die wundervollen Menschen dort zu erleben.

Heute bin ich Gott wirklich dankbar, daß er mir diese Arbeit gegeben hat. Durch sie habe ich so viele seiner guten Kinder kennengelernt. Die Verbindung zu ihnen kam nicht nur über das persönliche Kennenlernen zustande, sondern auch durch Briefe und Telefongespräche.

Ich schätze und achte die Menschen, die nicht einer Meinung mit mir sind und auch nicht Marias Botschaft an die Welt *zustimmen können. Sie haben sich jedenfalls die Zeit zum Schreiben genommen. Sie helfen mir dabei, verschiedene Perspektiven und Glaubenshaltungen zu sehen und anzuerkennen. Ich weiß, daß nicht jeder die Botschaft so „hören" oder „fühlen" wird wie ich, aber wenn Menschen sich die Zeit zum Schreiben nehmen, dann sagt mir das, daß es ihnen wichtig ist. Ich erkenne das an.*

Ich danke euch, daß ihr ein Teil meines Lebens seid. Danke, vom Grunde meines Herzens, daß ihr mich wissen ließet, was diese Botschaft euch bedeutet. Ich genieße es sehr, eure Geschichten zu hören, wie ihr auf das Buch gestoßen seid. Wir beide, Byron und ich, schätzen die lustige, oft magische Weise, wie Marias Botschaft *die Menschen erreicht. Wir schätzen euch und die Zeit, die ihr euch für uns nehmt.*

Aber ich wäre sehr undankbar, wenn ich nicht am allermeisten meine Verbindung zu Mutter Maria schätzen würde. Zu einem Verständnis ihrer großen Liebe zu uns zu gelangen, ob wir Sie kennen oder nicht, hat mich geheilt. Nach sieben Jahren der Verbindung mit ihr, kann ich endlich sagen: „Ich danke dir, daß du mich ausgewählt hast." Ich danke dem himmlischen Vater für seine große Liebe, und daß er mir geholfen hat zu verstehen, wie sehr wir bedingungslos geliebt werden. Das Erkennen seiner bedingungslosen Liebe hat mein Leben vollkommen verändert. Dies war ein wundervolles Jahr.

– Annie

✧ ✧ ✧

MEINE LIEBEN KINDER, wieder einmal ist es an der Zeit, die Geburt vom Christuskind, meinem Sohn Jesus, zu feiern. Aber noch wichtiger ist es, das zu feiern, was die Geburt bedeutet. Dieses Jahr, wenn ihr Jesu Geburt feiert, erinnert euch jener Nacht vor langer Zeit, als die Engel sangen: „Friede auf Erden und den Menschen ein Wohlgefallen“. Darauf, so wünsche ich, sollt ihr euch konzentrieren. Es ist an der Zeit, ein Leben in Frieden zu beginnen. Und das kann nur in eurem Herzen vollzogen werden.

Es ist an der Zeit, den Frieden in eure Herzen und in euren Geist einziehen zu lassen. Laßt Frieden in euer Leben hineingeboren werden. Denn Frieden beginnt im Herzen. Dann können die Menschen auch Friedliches denken. Und schließlich wird Frieden durch die Art und Weise offenbart, in der ein friedvoller Mensch sein Leben lebt. Frieden ist nicht nur ein Gefühl, sondern eine Verpflichtung euch selbst und eurem Gott gegenüber. Das bedeutet: „Ich werde mein Herz von allem reinigen, das mich vom Frieden abhält. Ich werde einen langen und gründlichen Blick in die einzelnen Bereiche meines Lebens werfen. Ich werde ehrlich sein, wenn ich in mein Herz schaue und sehe, ob es da Anteile gibt – irgend jemanden, irgendeinen Ort oder irgend etwas – die Vergebung brauchen. Ich schaue ehrlich auf meine Gedankenmuster und Handlungen, um zu sehen, ob Frieden meine erste Reaktion ist. Ich schaue, wo ich mit meiner Geisteshaltung stehe, und wo mit meinen Glaubenshaltungen. Ich werde nach meinen besten Kräften versuchen, Frieden mit meinem Leben zu schließen, so wie es jetzt ist, und wie es in der Vergangenheit war. Ich suche Frieden, mit mir selbst und in jedem Bereich meines Lebens. Ich suche Frieden mit meiner Familie, auch, wenn sie sich dagegen sträubt. Ich werde ihnen auf friedvolle und liebende Weise antworten. Meine Antwort wird aufrichtig sein, weil ich vergebe, und weil ich jeden um Vergebung bitte, dem ich in der Vergangenheit Schaden zugefügt habe."

Wollt ihr die Gewalt in der Welt beenden? Jeder Mensch kann sie beenden – wenn etwa eine Familie alten Groll begräbt, wenn ein Mitarbeiter friedlich und sanft reagiert, und wenn ein Mensch in verantwortungsvoller Position zum Frieden führt. **Gewalt wird enden, wenn ein Mensch einen anderen anschaut und die Gemeinsamkeiten sieht und nicht die Unterschiede, und wenn ein Mensch aufhört, seinen Nächsten scharf zu verurteilen. So wird Frieden die Gewalt beenden.**

Frieden kann auf die Erde kommen, aber es wird jeder einzelne mühevoll daran arbeiten müssen. Wartet nicht darauf, daß andere den Friedensprozess beginnen. Macht es euch noch heute zur Aufgabe, in Frieden zu leben. Dann wird euch das Leben Situationen und Umstände anbieten, friedvolle Wege zu praktizieren. Nur ständiges Tun führt zur Meisterschaft. Durch eure ehrlichen Bemühungen, Frieden in eure Herzen einziehen zu lassen und ein friedvolles Leben zu führen, werden andere dazu motiviert, eurem Beispiel zu folgen. Auf diese Weise wird Friedfertigkeit von einem einzelnen Menschen in seine Familie und dann in Gruppen, Kirchen und langsam in die Allgemeinheit, strömen.

Friedfertigkeit ist eine tägliche Übung. Zu Beginn wird das Mühe und Anstrengung bedeuten. Aber nach einer gewissen Zeit wird Frieden die erste und automatische Reaktion sein. Und wenn erst einmal genügend Menschen auf Erden in Frieden und mit friedlichen Absichten leben, und Frieden praktizieren, dann und nur dann wird sich Frieden auch über die ganze Menschheit verbreiten.

Aber am meisten von allem betet für ein friedliches Herz, betet für eure Gemeinschaft und alle Kinder der Welt.

Denkt daran, für die durch Krieg zerstörten Gebiete dieser Welt zu beten. Betet für ein Ende der Gewalt und des Mißbrauchs in den Herzen der Menschen. Betet, daß Liebe die Oberherrschaft in den Herzen eines jeden Menschen auf Erden übernehme. Betet für den Frieden, daß er die Herzen und den Geist der Menschen erfülle, die an der Macht sind, damit sie in Frieden ihre verantwortungsvolle Aufgabe verrichten. Betet für die Familien, daß sie sich bedingungslos lieben und dadurch in Frieden leben können. Die Familie, für die ihr zuallererst beten sollt, ist eure eigene. Betet für euch selbst, daß ihr versteht, wie, wo und wem ihr vergeben müßt, um in Frieden leben zu können. Am wichtigsten jedoch ist ein Ende jeden Mißbrauchs. Mißbrauch ist heute eine weltweite Seuche. Es ist an der Zeit, dem ein Ende zu machen. Mißbrauch jedweder Art ist ein Greuel für die Menschen und vor allem für Gott.

Schaut tief in euer Herz nach unfreundlichen Gedanken oder unfreundlichen Handlungen, denn sie sind Mißbrauch. Der Ort, an dem Mißbrauch ein Ende gesetzt werden muß, ist in euch. Viele Menschen heute mißhandeln sich selbst, und es ist eine Zunahme an Mißbrauch innerhalb der Familien zu verzeichnen. Hört noch heute, hört sofort auf, euch selbst durch hartes Urteilen, durch Selbstkritik und Selbsthaß zu mißhandeln. Liebe und Frieden beginnen mit euch, in eurem Herzen und in eurem Geist.

Schenkt in dieser Zeit der Freude bedingungslose Liebe. Laßt die Menschen wissen, daß ihr sie liebt, und warum ihr sie liebt. Liebt ihr die Anteilnahme und das Mitgefühl, das sie euch entgegenbringen? Liebt ihr es, wie sie mit euch umgehen? Liebt ihr ihr Lächeln oder ihren Humor? Nennt den Menschen die Gründe, weshalb ihr sie liebt. Sagt ihnen, wie sehr sie euch geholfen haben, und wie dankbar ihr ihnen für ihr Mitgefühl seid. Wenn ihr einen anderen Menschen lobt und liebt, so mehret dieses Lob so sehr, daß ihr Gutes in jedem Fremden findet, dem ihr begegnet. Aber denkt daran, ihr könnt nicht geben, was ihr selbst nicht habt. Wenn bei euch selbst keine Liebe im Herzen ist, habt ihr auch keine Liebe, die ihr verschenken könnt. Wenn kein Frieden in eurem Herzen ist, könnt ihr auch keinen Frieden verbreiten. Wenn keine Freude in eurem Leben ist, habt ihr auch keine Freude zu teilen.

Alles beginnt mit euch. Alles beginnt oder hört mit euch auf. Schaut auf niemanden sonst, nur auf euer eigenes friedvolles Herz. Sucht die Liebe nicht bei anderen. Schaut nur auf den Einen. Zu ihm könnt ihr beten, wenn ihr Hilfe braucht. Gott möchte euch helfen, und er kann es auch. Er kann euch unterstützen, euch selbst zu lieben, zu schätzen und anzunehmen. Wenn ihr darin einwilligt, wird er euch auf friedvollen Pfaden zur Vergebung führen. Dann könnt ihr euch selbst und den anderen vergeben.

Nun, meine lieben Kinder, beginnt heute noch in Frieden zu leben. Macht Frieden und bedingungslose Liebe zu eurem Lebensziel. Ihr werdet viel bedingungsloser geliebt, als ihr je fassen könnt. Ihr werdet mit solcher Kraft und mit solcher Macht geliebt, daß eure Herzen und euer Geist geheilt werden können. Aber dazu müßt ihr euch der großen Liebe anschließen, die nur von dem in euch wohnenden himmlischen Vater kommt.

Ich danke euch für euer Zuhören, aber besonders danke ich denen unter euch, die sich meine Worte zu Herzen nehmen und von nun an ihr Bestes tun, um zu vergeben, bedingungslos zu lieben und in Frieden zu leben.

Maria, die Mutter Jesu

BESONDERER NACHTRAG

Keiner wird unberührt bleiben

1.1.1995

AM NEUJAHRSTAG erhielt Annie eine Botschaft von Mutter Maria, in der erklärt wurde, welche Geschehnisse wir in diesem Jahr zu erwarten haben. Es handelt sich um Naturkatastrophen und betreffende Voraussagen für das Jahr 1995. Wenige Tage darauf erhielten wir die Voraussagen für 1995 von Gordon-Michael Scallion (von The Earth Changes Report, *Matrix Institute, Januar 1995, Ausgabe 40); es gab eine erstaunliche Übereinstimmung. Es ist komisch – wir sind immer überrascht, wenn eine andere Quelle das für gültig erklärt, was uns durchgegeben wird. Doch warum sind wir eigentlich überrascht? Wenn es doch wahr ist, und alles aus derselben Quelle stammt, sollten wir schließlich erwarten, daß die Botschaften sich gleichen oder zumindest ähnlich lauten!*

Ende der ersten Woche von 1995 hatte es bereits drei große Erdbeben in Japan gegeben, schwere Überflutungen, Schlammrutsche im Süden Kaliforniens und Wirbelstürme im Norden Floridas. Wie ihr im folgenden lesen könnt, erwähnt Mutter Maria, daß den Süden Kaliforniens eine schwere Dürre heimsuchen wird. Und sie sagte das voraus, als dieser Teil des Landes gerade überflutet war. Sie meinte, wir sollten „abwarten und sehen", was später im Jahr geschehen würde. Und noch vor Ende Januar kam es zu dem Erdbeben in Kobe in Japan, bei dem über 5000 Menschen umkamen und über 300.000 Menschen obdachlos wurden. Obwohl uns Mutter Maria nicht ausdrücklich aufgefordert hat, einen besonderen Brief auszusenden, wie sie es im Dezember 1992 für das Jahr 1993 tat, hatten wir doch das Gefühl, unser Bericht könnte von Interesse für euch sein und euch helfen, euch auf das Jahr vorzubereiten.

– Byron Kirkwood.

✧ ✧ ✧

IN DIESEM JAHR wird es zu extremen Temperaturen kommen. An manchen Orten wird das Wetter so extrem sein, daß die Menschen kaum noch auf eine Besserung zu hoffen wagen. Dann wird die Normalität zurückkehren. Aber erinnert euch, daß ich sagte, eure Wissenschaftler würden kaum noch in der Lage sein festzustellen, was normal ist, wo doch das Normale unnormal und das Unnormale zum Normalen wird.

In Florida werden viele Früchte und Gemüse erfrieren. Und man wird die Menschen dazu aufrufen, die ihnen verbliebenen Früchte und Gemüse zu konservieren. In vielen anderen Bundesstaaten wird es ebenfalls extreme Wetterbedingungen geben. Im Nordosten wird es zu einer ungewöhnlichen Anzahl von Nordostwinden kommen. Stürme werden aus Nordost kommen, anstatt aus den gewohnten Windrichtungen. Auch wird es in Gebieten, die sonst nie Schnee haben, zu großen Schneemengen kommen. Da, wo sonst auf der Welt Monsumregen zur Normalität gehören, wird der Regen ausbleiben und verheerende Auswirkungen nach sich ziehen. Dagegen werden Millionen von Menschen ihr Leben durch Überschwemmungen von Wasserläufen und Flüssen verlieren. Auch in Asien, Afrika und im Mittleren Osten wird es zu vielen Überschwemmungen kommen.

Im Südwesten wird die Wüste blühen, weil es zu ungewöhnlichen Regenfällen kommen wird. Es wird ein wunderschönes Jahr für Arizona und Neu Mexiko werden, jedoch nicht für Kalifornien. Südkalifornien wird von einer so schlimmen Dürre heimgesucht wie nie zuvor, und im nördlichen Teil dieses Staates werden Kälte und Nässe vorherrschen.

Im Mittleren Westen wird es fast täglich zu Gewittern und Wirbelstürmen kommen.

Wirbelstürme wird es auch in Staaten wie Montana und Idaho geben, die damit sonst keine Probleme haben. Der obere Mittlere Westen wird so viele Wirbelstürme erleben, daß man ihn die „Neue Tornado Gasse" nennen wird. Im Tal des Ohio werden in diesem Jahr Überflutungen und Stürme auftreten; auch der Sommer wird sehr kalt und naß sein.

Nun zu den Beben. Auf der ganzen Welt werden die Erdbeben zunehmen, doch keines wird zunächst zu großen Katastrophen führen. Es mag euch vielleicht scheinen, daß manche Beben verheerend sind; aber laßt euch versichert sein, daß das schlimmste Beben erst später eintreten wird. In Kalifornien wird die Erde anfangen, fast dauernd zu beben. Es wird zu einer Folge von Erdbeben kommen, die in der mittleren Werteskala liegen. Einige Beben werden stärker sein als sonst. Aber Menschenleben werden größtenteils verschont bleiben.

Im oberen Mittleren Westen, wo es sonst kaum Erdbeben gibt, werden sich Abbrüche aus alten Kontinentalplatten bewegen; zum Land hin wird das Beben in ein heftiges Rollen übergehen. Selbst in eurer Gegend wird es etwas beben, aber das größte Beben wird im Mittleren Westen und in den östlichen Staaten auftreten. In New York wird die Bevölkerung meinen, jemand habe an einem Schalter gedreht, um die Wellenbewegung zu starten, denn die Beben, die in diesem Gebiet auftreten, werden mehr eine Wellenbewegung als eine Erschütterung sein.

Mexiko wird große Vulkanausbrüche erfahren, und ein großes Beben wird dieses Land bis in die Grundfesten durchrütteln. Weitere Beben von größerer Stärke werden in Südamerika und in den Bergen von Kolumbien und Peru zu verzeichnen sein. In den Ebenen des Kontinents kommt es zu großen Überflutungen. Im Regenwald wird viel Erde ausgewaschen werden.

In Kanada wird es so extrem kalt werden, daß man meinen wird, der Winter wolle gar nicht wieder aufhören. In den sonst warmen Monaten wird es kalt bleiben, und auch hier wird es zu einer Verknappung der Rohstoffe kommen. In Europa werden Überschwemmungen bisher unbekannten Ausmaßes auftreten. Auch hier wird die Erde sogar in Gegenden beben, die bisher davon verschont blieben. In Italien wird das ganze Land eine Serie von Beben erleben, die die Menschen an den Rand der Verzweiflung bringen. In Griechenland und in vielen Teilen des Mittelmeerraumes wird die Erde beben. In Afrika wird es sowohl im Norden als auch im Süden zu Erdbeben kommen. Ich sagte, daß dies das Jahr der großen Beben ist. In vielen Teilen der Welt werden große Erdbeben vorkommen, und sie werden viel Leid verursachen. In diesem Land werdet ihr auch zahlreiche Erdbeben erleben, aber sie werden nicht so intensiv sein. Man wird meinen, der ganze Planet habe begonnen, sich aus seiner Verankerung zu lösen.

In anderen Teilen der Welt werden große Verwüstungen auftreten. Um die Kriegsgebiete wird sich die Welt dann nicht sehr kümmern. Aber auch dort werden Vulkane ausbrechen und Beben auftreten. Erinnert euch, daß ich von drei Zeitperioden sprach, in denen es überall auf der Welt zu Katastrophen kommen würde, und daß kein Gebiet davon verschont bliebe. Dies ist eines der Jahre, in denen die ganze

Welt von dieser oder jener Katastrophe heimgesucht wird; manche Gebiete wird es schlimmer treffen als andere, aber keines wird unberührt davon bleiben.

Maria, die Mutter Jesu

20

Bedingungslose Liebe

2/95

In den letzten zwei Nachrichtenbriefen habe ich die Konferenz erwähnt, die zu leiten ich mich aufgerufen fühlte. Von Anfang an habe ich mich aber auch gefragt, warum es noch eine Konferenz über „Erdveränderungen" geben sollte. Ich war eher in einer feierlichen, gehobenen Stimmung und dachte an das „Festival of Joy" in Kanada, an dem ich als Sprecherin mitgewirkt habe. Hatte ich wirklich richtig gehört? Sollte ich so etwas machen? Ich hoffte, ich hätte es nur geträumt. Aber Mutter Maria gab mir sehr deutlich zu verstehen, was sie möchte: wir sollten uns auf unsere Zukunft konzentrieren und darauf hinarbeiten. Sie möchte, daß wir Menschen die Hoffnung bewahren und lernen, daß wir die von ihr vorausgesagten Katastrophen abschwächen können. Nun verstehe ich auch, was der eigentliche Grund für Vorhersagen und Prophezeiungen ist. Die Menschen sollen beten, sie sollen ihr Bewußtsein und sich selbst ändern; und durch innere Veränderungen sollten sie auch die Zukunft verändern.

Wir sind schon sehr gespannt auf dieses Wochenende, an dem wir uns mit Suchenden aus allen Teilen des Landes versammeln. Menschen werden zusammenfinden, die sich auf ganz unterschiedlichen Lebenswegen befinden und unterschiedlichen Glaubens sind.

Ich danke euch für eure Unterstützung und Hilfe. Wir freuen uns so über eure Liebe und eure Gebete.

– Annie

Meine lieben Kinder, dies ist eine Zeit der Liebe. **Es ist Zeit, bedingungslos zu lieben, so gut ihr könnt. Erinnert euch immer daran, daß Gott, der Vater in euch, auch so liebt.** Bedingungslose Liebe ist göttliche Liebe. Bei ihr gibt es keine Fesseln, keine Bedingungen oder Ausnahmen von der göttlichen Liebe. Bedingungslose Liebe ist göttlich, weil sie alle Elemente der Göttlichkeit enthält.

Einige dieser Elemente sind: Gefühl, Toleranz, Akzeptanz, Anerkennung, Geduld, Urteilslosigkeit, Freude und Dankbarkeit.

Wie gefühlvoll seid ihr euch selbst und anderen gegenüber? Wie gut könnt ihr Menschen akzeptieren, die anders denken oder einen anderen Glauben oder andere Werte haben? Wie sehr schätzt ihr euer Leben und die Lebensführung anderer? Wie steht es mit eurer Geduld? Könnt ihr anderen zugestehen, ihre eigenen Wege zu gehen? Könnt ihr den Alten und den Kindern die Zeit zugestehen, die sie brauchen? Der ältere Mensch braucht für vieles mehr Zeit. Seid ihr geduldig mit ihnen? Seid ihr geduldig mit dem Kind, das Zeit braucht zum Entdecken, zum Erforschen und für eigene Erfahrungen? Seid ihr so mit eurem eigenen Leben und euren Dingen beschäftigt, daß ihr eure Familie und eure Freunde ausschließt?

Welche Urteile fällt ihr täglich? Verurteilt ihr euch selbst immer noch scharf? Könnt ihr nachsichtig in eurem Urteil sein? Könnt ihr die Standpunkte anderer einsehen? Erkennt ihr, daß Gott jeden Menschen als ein Individuum erschuf, und daß es die gottgegebene Pflicht jedes Menschen ist, anders zu sein, und doch gleich. Auf vielerlei Weise könnt ihr euer Anderssein nur akzeptieren, wenn ihr es entweder als besser oder schlechter beurteilt. Unterschiede gibt es auf der Erde, um das Leben in seiner Vielfalt zu offenbaren. Wie monoton wäre das Leben sonst! Unterschiede machen euer Leben bunter, schöner, aufregender und schwungvoller. Interessiert euch für das, was anders an euch ist. Leugnet es nicht. So könnt ihr auch die Andersartigkeit anderer leichter annehmen. Durch unterschiedliche Standpunkte wird euer Leben weiter und vielfältiger.

Wie sehr schätzt ihr all das Gute, das Gott euch gibt? **Gott gibt nur Gutes,** denkt daran. Jeder darf sich an den Naturelementen erfreuen, am Sonnenschein, an sanftem Regen und warmen Briesen, ob er nun an Gott glaubt oder nicht.

Ihr werdet geliebt, meine lieben Kinder, mit einer Liebe, die vollkommen bedingungslos ist. **Ihr werdet so geliebt, wie ihr seid, weil Gott euch kennt und euch vollkommen versteht.** Denkt daran, daß ihr geliebt werdet.

Heute rufe ich euch dazu auf, bedingungslose Liebe in eurem Leben zu leben. Beginnt gleich jetzt damit, toleranter anderen gegenüber zu sein und sie wirklich anzunehmen. Beginnt heute damit, zu akzeptieren, daß Gott in seiner Allwissenheit wußte, was er tat, als er die Menschheit mit all ihren Unterschieden schuf. Statt einen Menschen dafür zu verurteilen, daß er anders ist, solltet ihr diese Unterschiede aus einem weiteren Blickwinkel sehen. Unterschiede sind interessant und tragen zu der Interaktion zwischen euch und anderen bei. Nährt die Dinge in euch, die euch anders machen. Gesteht euch zu, daß ihr gerade durch diese Gaben, Werte und Perspektiven interessant und liebenswert seid. Ihr seid es schon. Wenn ihr toleranter euch selbst gegenüber werdet, so wird es euch auch leichter fallen, anderen gegenüber tolerant zu sein. Beschenkt euch selbst mit zärtlichen Gedanken, mit Freundlichkeit und Anerkennung. Liebt das, was euch zu dem macht, was ihr seid. Gott schuf die Menschen in ihrer Einzigartigkeit, um zu zeigen, daß jeder etwas Besonderes ist und geliebt wird.

Übt bedingungslose Liebe, ohne zu urteilen. Urteilen ist Schauen und Fehlerhaftes sehen. Urteilen ist das Suchen nach fehlender Einzigartigkeit. Urteilen bedeutet unfreundlich zu sein. Denkt daran, daß Urteilen ohne bedingungslose Liebe immer rücksichtslos ist. Statt zu urteilen, nutzt eure Wahrnehmungskraft, um herauszufinden, was eure Sache und was die Sache eines anderen ist. Nutzt eure Wahrnehmungskraft, um euch und andere mit freundlichen Augen, einem liebevollen Herzen und einer milden Geisteshaltung zu betrachten. Urteilt nicht, denn durch euer Urteil über andere, spiegelt sich nur wider, wie ihr über euch selbst urteilt.

Bedingungslose Liebe geht einher mit Dankbarkeit und Freude. Laßt Freude euer Herz und euer ganzes Sein mit einer Liebe erfüllen, die wirklich göttlich ist. Wenn es euch gelingt, auch nur kurze Zeit bedingungslos zu lieben, so seid ihr in der Liebe, die voller Heil und Segen ist. Seid dankbar für alles, was ihr heute seid. Wenn ihr zurückblickt auf die Vergangenheit, so sagt: „Es war gut. Durch meine früheren Erfahrungen ist es mir möglich geworden, bedingungslos zu lieben, selbst wenn es nur für einen Moment ist." Wenn ihr in den Spiegel seht, seid dankbar für die Erfahrungen, die ihr hinter euch habt, und für die Abenteuer, die der neue Tag mit sich bringt.

Seid dankbar, wenn ihr eure Lieben in den Armen haltet. Erinnert euch voller Dankbarkeit und Freude daran, daß jeder auf Erden göttlich geliebt wird, vollkommen bedingungslos und frei von allen Fesseln. **Vergeßt nie, daß euer innerstes Wesen göttliche Liebe ist. Ihr seid Liebe; nun lebt sie auch an jedem Tag.**

Lebt sie durch tägliches Praktizieren von Freundlichkeit. Lebt sie mit einem Lächeln, einer Anerkennung und einem Gebet. Die wichtigste Übung bedingungsloser Liebe ist das Gebet. Betet für eure Welt und für die Menschen, die auf dieser wunderschönen Welt leben. Sendet ihnen allen Gedanken der Liebe. Das ist es auch, was ich für euch tue.

Maria, die Mutter Jesu

21

Lebt mit einem täglichen Vorsatz

4/95

MIT DANKBAREM HERZEN schreibe ich, um euch über ein Wunder zu berichten. Gottes Geist war in der Konferenz wirklich gegenwärtig. Das „Earth Festival" war in jeder Beziehung ein voller Erfolg. Wir hatten mit 800 Besuchern gerechnet. Etwas weniger als 500 kamen. Aber Gott wußte in seiner unendlichen Weisheit, weshalb. Die Sprecher waren genauso offen und freundlich, wie ich es erwartet hatte. Die Mitarbeiter und die freiwilligen Helfer waren liebevoll und hilfsbereit, und die Händler, die ihre Waren ausstellten und ihre Dienstleistungen anboten, fröhlich und aufbauend.

Sechsunddreißig Bundesstaaten waren vertreten, außerdem Australien und Kanada. Die unterschiedlichsten Menschen trafen sich und lernten sich kennen. Ich fühlte ganz deutlich, daß dies der eigentliche Grund gewesen war, weshalb sie an der Konferenz teilnahmen. Die Atmosphäre war fröhlich, voller Hoffnung und von Liebe erfüllt.

Ich möchte jedem von euch danken, der dabei war, aber auch den vielen, die uns mit ihren Gebeten und guten Gedanken unterstützt haben. Es war ein wundervolles Wochenende der Liebe und Hoffnung.

– Annie

MEINE LIEBEN KINDER, ich bin gekommen, um euch eine Freudenbotschaft zu bringen. Wenn ihr euch dazu aufschwingt, das Beste in euch zu entwickeln und zu leben, dann entsteht Freude. Vielen unter euch ist dies in Gebeten durch gute Vorsätze und reine Absichten gelungen. So sollt ihr leben, meine Kinder: Werdet, was ihr sein könnt. Lebt jeden Tag mit einem festen Vorsatz. Wenn ihr am morgen aufsteht, steckt euch ein Ziel. Das kann ein Wort oder eine Absicht sein. Ihr könntet zum Beispiel sagen: „Heute ist es mein Lebensziel, mich selbst und die anderen zu lieben, ohne mich zu binden".

Viele Leute meinen, daß sie durch Liebe Rechte erwerben; etwa das Recht, in das Leben anderer hineinreden zu können. Das ist nicht so. Liebe gibt einem Menschen niemals das Recht, über andere zu herrschen oder ihnen seinen Willen aufzuzwingen. **Gott gibt jedem Menschen stets die Freiheit, selbst zu wählen. Gott liebt bedingungslos.** Er zwingt euch seinen Willen nicht auf. Er läßt zu, daß ihr Fehler macht, daß ihr euren Weg allein findet und eure eigenen Probleme löst, mit oder ohne seine Hilfe, je nachdem, was ihr wollt. So sollt ihr eure Nächsten lieben.

Es macht so viel Freude, anderen Menschen die Freiheit zuzugestehen, ihre eigenen Fehler zu machen, ihren eigenen Kurs zu planen, ihre eigene Wahl zu treffen. Das ist die Liebe, die ewig wächst. Es ist die Liebe, die ohne Worte nährt und liebkost.

Das größte Geschenk, das ihr euren Lieben machen könnt, ist ein Gebet für sie. Betet nicht, daß sie das tun, was ihr von ihnen erwartet, sondern daß alles in ihnen gut ist, daß sie Frieden in ihrem Herzen und die Liebe finden mögen, die Gott für sie hat. Das ist das erste, was ihr für alle Menschen tun solltet.

Betet für eure Feinde; schickt ihnen Liebe. Hüllt solche Menschen in Liebe ein, die euch oder euren Angehörigen gegenüber feindselig eingestellt sind. Laßt Liebe der Heilungsbalsam sein, der den Frieden in die Welt bringt. Er muß in euch selbst beginnen. Der Frieden erreicht alle, die wissen, wie man bedingungslos liebt. Menschen, die bedingungslos lieben, haben nicht den Drang, Forderungen zu stellen oder anderen ihren Gesichtspunkt oder ihre Meinung aufzuzwingen. Sie gestehen ihren Lieben und anderen Menschen die Freiheit zu, ihren Anlagen gemäß zu leben. Jeder Mensch auf Erden hat insgeheim den Wunsch, das Beste aus sich herauszuholen.

Das bedeutet, daß ihr nicht darüber urteilen solltet, ob jemand richtig lebt oder handelt. Ihr solltet ihm nicht sagen, daß das, was er sagt oder tut, falsch ist. Ihr solltet nicht versuchen, seine Arbeit zu schmälern oder schlecht über ihn zu sprechen. Das heißt, daß ihr nur die Wahrheit sagen sollt. Wenn ihr meint, es sei unbedingt nötig, etwas zu sagen, so drückt es so aus, daß deutlich wird, daß ihr persönlich es so seht oder empfindet. Aber macht euch und dem anderen nicht vor, eure Meinung habe Allgemeingültigkeit. Je weniger ihr sagt, desto besser ist es. Seht, meine Kinder, Liebe braucht keine Worte; sie kann durch ein Strahlen ausgedrückt werden, durch einen Blick oder ein Lächeln. Liebe ist Energie, und als Energie bringt sie ihr eigenes heilendes Wesen mit.

Liebt euch selbst bedingungslos; hört damit auf, euch selbst zu tyrannisieren oder eure Handlungen zu bestrafen. Geht liebevoll mit euch selbst um, wenn ihr einen Fehler macht. Macht euch innerlich frei, das Beste in euch auszuleben. Betet für euch selbst, dann wird es euch leichter fallen, andere zu lieben und für sie zu beten.

Ihr könnt nie zu sehr lieben oder zu viel beten. Wenn ihr bedingungslos liebt, könnt ihr nie zu sehr lieben. Bedingungslose Liebe ist göttliche Liebe, und es gibt niemals zuviel göttliche Liebe.

Wenn ihr gelernt habt, mit einem täglichen Vorsatz zu leben, so tut jeden Tag etwas Gutes für die Welt. Eure gute Tat für den Tag könnte sein, mehr zu lächeln oder zum Beispiel ruhig zu werden und sich an der Sonne zu erfreuen, oder am Regen, oder was auch immer der Tag bringt. Oder ihr schenkt jemandem ein liebevolles Wort, der es nicht erwartet. Oder verschickt eine dieser wunderschön bedruckten Grußkarten, auf denen steht: „Ich denke in Liebe an dich."

Vielleicht ist es auch eine gute Tat, einmal einfach gar nichts zu tun. Wenn ihr beabsichtigt, jemandem mit eurer Meinung oder Forderung zu „helfen", könnte es eure gute Tat sein, in dieser Angelegenheit ausnahmsweise mal gar nichts zu tun. Oftmals wird das, was ihr für eine Hilfe haltet, vom anderen nicht als Hilfe angenommen; dann findet keine liebevolle Interaktion statt. Laßt das, was ihr tut, durch bedingungslose Liebe entstehen, und aus keinem anderen Grund.

Werdet euch jeden Morgen klar darüber, warum und wie ihr diesen Tag verlebt. Bringt Absicht und liebevolles Tun in euer Leben. Laßt eure Liebe rein sein. Laßt euer Leben wirklich ein freudvolles Leben sein; eines, das nicht nur euer Leben und das eurer Lieben erhebt, sondern eines, das die ganze Welt erhöht. Denn mehr und mehr Menschen lernen bedingungslos zu lieben, haben die besten Vorsätze und üben sich in täglichen Liebestaten. Das also ist meine Freudenbotschaft. Danke, daß ihr mir heute zugehört habt.

Maria, die Mutter Jesu

22

Der Geist Gottes

6|95

VOR KURZEM ERHIELT ICH ein paar Briefe, in denen ich darum gebeten wurde, Mutter Maria Fragen zu stellen. Eine der meistgestellten Bitten ist: „Kannst du Maria bitte fragen…" Und dann kommt entweder etwas sehr Persönliches oder es geht um Bücher und Gegenstände sowie die Frage, wie Maria darüber denkt. Ich erhalte für andere keine Antworten. Es gibt sicher Menschen, die das können, aber ich gehöre nicht dazu. Als wir mit diesem Nachrichtenbrief anfingen, dachte ich, ich könnte Mutter Maria Fragen für euch stellen. Ich freute mich über eure Fragen; aber ein paar Monate später gab uns Maria die Botschaft, daß ihr in euch gehen und eure eigenen Antworten finden solltet. Sie ließ mich wissen, daß es nicht zu meinen Aufgaben gehört, anderen Menschen diese Aufgabe abzunehmen. Vielmehr solle ich die Menschen dazu ermutigen, in sich selbst nach einer Antwort zu suchen. Wir alle müssen unsere Antworten in unserem Herzen finden. Ich ermutige meine Kinder und alle Menschen, ihrem Herzen zu folgen. Wenn wir unserem Herzen folgen, tun wir das Richtige.

– Annie

MEINE LIEBEN KINDER, mit Freude rufe ich euch zur Andacht auf. **Ich rufe meine treuen Kinder dazu auf, den Geist Gottes zu lobpreisen und anzubeten, denn er durchströmt euch und diese wunderschöne Welt.** Es ist der Geist Gottes, der dieser Welt ihr Leben und ihre Schwingung gibt. Wenn ihr die Farben der Jahreszeit bewundert, erkennt ihr, daß der Künstler, der die schönen Farben schuf, Gott ist. Wenn ihr das Leben bewundert, das durch eure Lieben strömt, so ist es der Geist Gottes, denn er gibt ihnen Leben und verleiht ihnen Energie. Wenn ihr liebt, so schöpft ihr aus der Liebe Gottes. Es ist der Geist Gottes, der euch liebevoll an sein Herzen drückt. Es ist der Geist Gottes, der eure inneren und äußeren Bedürfnisse erfüllt. Es ist der Geist Gottes, der euch in allen Dingen führt.

Heute beschäftigen sich viele Menschen mit Meistern, Lehrern, Heilern, Führern und Gurus. Ich befürchte, daß ihr womöglich den Geist Gottes in anderen Menschen oder Geistwesen sucht. **Es gibt keinen Grund, außen zu suchen, wo er, der das Leben schenkt, doch mitten in eurem Herzen wohnt. Es gibt keinen Grund, euer Vertrauen und eure Kraft anderen Wesen zu übertragen, wenn doch das, was ihr sucht, tief in eurem eigenen Selbst ist.** Wir, die wir kommen, um euch zur Seite zu stehen, versuchen nur, euch zu helfen, das Himmelreich in euch zu finden. Achtet darauf, ob eure Meister, Lehrer oder geistigen Führer euch dazu bringen, in euch selbst zu suchen. Dann sind sie wahre Heiler. Wenn ihr außerhalb eurer selbst nach dem Geist Gottes sucht, so sucht ihr vergeblich.

Es ist notwendig, meine Kinder, daß ihr eure innere Verbindung zum Geist Gottes findet, damit ihr immer wißt, was ihr tun sollt. Es ist notwendig, daß ihr diese innere Quelle des Wissens und der Weisheit für euer eigenes Wohl findet. Wenn ihr diesen Ort in eurem Herzen findet, werdet ihr nicht länger außerhalb von euch suchen. Tief in eurem Wesen ist der Geist Gottes, in seiner ganzen Herrlichkeit. Er nährt euch, stillt euren Durst, er erfüllt euer Sein mit allem, was er ist.

Lehrer, Meister, Führer, Gurus, Heiler und Engel sind nur hier, um euch darin zu unterstützen, das Ziel zu erreichen. Sie sind eure Helfer für die innere Verbindung zu Gott. Jeder von uns bringt euch eine Gabe, um diese innere Verbindung zu finden. Wir bringen das einzigartige Geschenk der Freiheit. Es ist befreiend, eure innere Verbindung zur Weisheit und zur Liebe zu finden. Es ist befreiend, euren Durst und euren Hunger zu stillen, und eure Bedürfnisse aus euch selbst befriedigen zu können. Das bedeutet, daß ihr die Fähigkeit habt, für euch selbst und für eure Lieben zu sorgen.

Durch eure innere Verbindung zu Gott wachst ihr spirituell. **Durch diese innere Verbindung zu der Quelle von allem, die Gott ist, werden euch all eure Fragen beantwortet, all eure Bedürfnisse befriedigt, und all eure inneren Sehnsüchte erfüllt.** Es ist wichtig, diese innere Verbindung zum Geist Gottes immer offen zu halten. Euer Ziel ist es, eure innere Verbindung zu finden und aufrechtzuerhalten. Wenn ihr diese innere Verbindung zum Geist Gottes nicht erlangt, bleibt ihr unreif und verletzlich. Kinder geben ihre Kraft ab; Kinder brauchen immer jemanden, der für sie sorgt. Menschen, die wie Kinder verletzbar sind, können keine klugen Entscheidungen treffen. Sie müssen sich auf die Hilfe und Führung anderer Menschen verlassen. Aber reife Erwachsene behalten ihre Kraft, bewahren ihren Verstand und sind in der Lage, die Dinge für sich selbst und für andere in die Hand zu nehmen. Ist das nicht euer Ziel?

Als spirituell reife Erwachsene seid ihr frei, mit Weisheit und reiner Liebe bewußt zu leben und eure Rolle auf Erden zu verstehen. Und dann seid ihr auch befähigt, eure Pflichten ohne Furcht zu erfüllen. Spirituell reife Erwachsene können die Aufgabe erfüllen, zu der sie berufen sind. Sie bleiben in jeder Situation und in allen Lebensumständen im Frieden. Als spirituell reife Erwachsene seid ihr alles, was ihr euch je zu sein erträumt habt, und noch viel mehr. Es ist eine Freude, euch so zu sehen, denn ihr seid offene Gefäße des Friedens, der Liebe und der Freude.

Freude kommt durch das Wissen, direkt mit dem Geist Gottes verbunden zu sein. Freude ist es, seine Gegenwart in euch zu spüren und seine Gegenwart in anderen Menschen und in der Natur wahrzunehmen. Gott ist in allen Dingen. Sein Geist gibt dieser Welt Leben, Freude und Beständigkeit. Sein Geist ist die Essenz, die ihr in eurer eigenen Glückseligkeit und in eurem inneren Sein findet. Durch eure innere Führung werdet ihr die Lebensfreude finden, die Liebe, die ihr euch immer ersehnt habt, und ein Verstehen, das keine Grenzen kennt.

Meine lieben Kinder, Freude ist Gott. Liebe ist Gott. Weisheit ist Gott in Aktion. Preist ihn auf allen Ebenen, in allen seinen Wesen. Betet ihn in eurem Herzen an, so wie er euch in eurem Leben preist. Sucht ihn in eurem Herzen, und er wird sogleich antworten. Habt keine Angst vor Gott; er ist ein liebevoller Vater. Er ist allgegenwärtig und will, daß ihr seinen Geist in euch selbst und in anderen erkennt. Erinnert euch immer daran, daß Gott euch bedingungslos liebt. Er wird euch nichts vorenthalten, weder Informationen, noch Liebe, Wissen oder Glücklichsein. Er will, daß ihr seine Schöpfung genauso liebt, wie er euch liebt.

Werdet ihr in der Tiefe eures Seins suchen, um die Verbindung zu Gott zu finden? Werdet ihr Gott im Geiste anbeten? Werdet ihr eure eigene Kraft und euren Verstand bewahren? Werdet ihr lieben, so wie Gott liebt?

Das ist mein Wunsch – daß ihr Freude am Leben findet; ich will euch die reine Freude offenbaren, das Wissen, daß ihr nur in eurem Inneren suchen müßt, um eure Führung zu finden, die aus dem Herzen Gottes kommt. Euer Wissen kann nur aus euch selbst kommen. Es kann durch niemand anderen kommen. Es muß durch euer Herz kommen und von euch wahrgenommen und begriffen werden. Jede Art, die ihr wählt, um Gott zu loben, ist gut. Er schätzt euren Lobpreis. Er liebt euch, ohne zu urteilen, und er wartet in eurem Herzen auf euch.

Ich danke euch, daß ihr meinem Bitten nachkommt. Ich liebe jeden von euch bedingungslos, ganz so, wie Gott euch liebt. Ihr seid mir teuer. Ihr bleibt in meinen Gebeten und in meinen Gedanken.

Maria, die Mutter Jesu

23

Die Liebe, die ihr sucht, ist Gott

8/95

IN LETZTER ZEIT sprechen mich viele auf die Vorhersage Marias an, daß New York überflutet werden soll. Und nun fragen sie, warum dies nicht eingetreten sei. Einige unter euch wollen wissen, was Mutter Maria damit meinte. Mutter Maria sagte, daß im Jahre 1994 die Überflutungen in New York City anfangen würden. Das wesentliche Wort hier ist – so fühle ich – „anfangen". Ende 1993 wurde die Wall Street von New York überflutet. Auf Long Island hob sich der Wasserspiegel und die Keller vieler Menschen standen unter Wasser. Eine Frau berichtete, sie habe das Wasser aus ihrem Keller gepumpt, aber der gleiche Wasserstand sei kurz darauf wieder aufgetreten. Ist es das, was Mutter Maria meinte? Ich denke schon, aber ich weiß es nicht genau.

In der August/September-Ausgabe des Nachrichtenbriefes (1994, Nr. 17) sagte Mutter Maria, daß die Vorhersagen zwischen sechs Monaten und einem Jahr später eintreffen würden, weil die Gebete so vieler Menschen auf der ganzen Welt einen Aufschub bewirkt haben. Was ursprünglich 1995 geschehen sollte, kann nun 1996 eintreffen. Ich hoffe, daß wir alle Prophezeiungen noch weiter haben hinauszögern können. Mutter Maria wollte uns ja mit ihren Vorhersagen wachrütteln, damit wir unsere Herzen und unseren Geist sofort heilen. Sie möchte, daß wir unentwegt beten, daß wir uns selbst gegenüber ehrlich sind, und uns nicht länger vormachen, hilflos zu sein. Wir können große Veränderungen bewirken, aber sie werden so kommen, wie wir sie in unserem Herzen und gemäß unserer Geisteshaltung vorantreiben. Es ist ein andauernder Prozeß. Verpflichtung, Ehrlichkeit, Selbstkenntnis und Liebe sind die Voraussetzung dafür. Es ist das Wissen, daß wir bedingungslos geliebt werden, das uns helfen wird, all die notwendigen Veränderungen in unserem Leben vorzunehmen.

Wir müssen alle unser Bestes tun, uns selbst und die anderen bedingungslos zu lieben, ehrlich mit uns selbst zu sein und mit Ernsthaftigkeit für unsere Lieben und die ganze Welt zu beten. Wir können etwas verändern. Wir können uns selbst, unsere Familie und die ganze Welt verändern. Laßt uns das nicht vergessen. Wir können etwas verändern. Wir können lieben, wir können beten und wir können ehrlich sein.

– Annie

✧ ✧ ✧

MEINE LIEBEN KINDER. Mit Liebe im Herzen komme ich heute zu euch. Ich habe so viel Freude und Liebe in meinem Herzen für jeden von euch. Ich möchte euch daran erinnern, **daß ihr innig geliebt, ehrfürchtig umsorgt und froh beobachtet werdet.** Viele von meinen geliebten Kindern erkennen das Ausmaß der Liebe Gottes für jeden einzelnen nicht. Noch mehr erkennen die Freiheit nicht, die diese große Liebe euch schenkt. Eure tiefsten Sehnsüchte würden sich erfüllen, wenn ihr die Weite und Tiefe seiner wunderbaren Liebe wahrnehmen könntet. Jeder Mensch hat den Wunsch, geliebt, umsorgt und geachtet zu werden. Es macht mein Herz traurig, daß ihr nicht erkennt, wie sehr dieser Wunsch bereits erfüllt ist.

Das Fehlen dieses Wissens ist der Grund vieler Krankheiten. Menschen, die sich Gottes großer Liebe nicht bewußt sind, fehlt es häufig an Selbstliebe und Selbstachtung. Das

Fehlen dieser Erkenntnis macht sie wütend und ängstlich; sie wollen ständig urteilen und sind so unglücklich. Menschen, die nicht fühlen, daß sie unendlich geliebt werden, neigen zu Gewalttätigkeit. Sie haben keinen Frieden in ihren Herzen. Wahres Erkennen der Liebe Gottes bringt Frieden ins Herz und in den Geist. **Wahres Erkennen davon, wie sehr Gott liebt, bringt euch die Freiheit, euch selbst und euren Nächsten, so wie ihr jetzt seid.**

Das Wissen darum, daß Gottes Liebe bedingungslos ist, läßt keinen Raum für Urteile. **Denn jeder Mensch wird bedingungslos geliebt. Jedem Menschen wird ohne Vorbehalte vergeben. Jeder Mensch wird angenommen, ganz so, wie er heute ist.** Kein Mensch ist verpflichtet oder berechtigt, über einen anderen zu richten oder seinen Wert zu beurteilen. Dies ist allein das Vorrecht unseres Schöpfers. Er ist der einzige, der einen anderen Menschen auf Erden beurteilen, betrachten und einschätzen kann. Ihr schneidet euch selbst vom Frieden ab, wenn ihr die innere Herzensarbeit eines anderen, seine Motive oder seinen Glauben beurteilen wollt.

Nur Gott, der vollkommen, heilig und rein ist, hat die Vollmacht zu richten. Niemand auf Erden ist vollkommen, heilig oder rein. Daher kann sich auch niemand auf Erden ein Urteil erlauben. Erinnert euch, als die Menschen eine Frau zu meinem Sohn brachten, um sie zu steinigen, schrieb er in den Sand: „Derjenige, der ohne Sünde ist, werfe den ersten Stein." Wer auf Erden aber ist ohne Sünde? Wer heute auf Erden hat niemals einen Fehler begangen? Wer auf Erden hat die Makellosigkeit, Richter zu sein? Nein, keinen gibt es, der so makellos ist, nicht heute, nicht gestern und nicht morgen.

Es ist Hochmut anzunehmen, daß ihr einem anderen helft, wenn ihr ihn auf seine Fehler, seine Sünden oder seine

Verfehlungen hinweist. Ich spreche jetzt zu den Hochmütigen im Geiste und zu den Hochmütigen im religiösen Sinne. Ihr könnt nur über euch selbst richten. Ihr seid nicht fähig, eure Lieben, eure Familie oder euren Nächsten zu beurteilen. Nur eure eigenen Motive, Ziele und Haltungen könnt ihr beurteilen. Ihr könnt nur über eurer eigenes Herz urteilen, um zu sehen, wo es an Liebe, wo an Vergebung oder an Verständnis fehlt. Schaut auf euren Geist, um über eure Verhaltensweisen, euren Glauben und euer Benehmen zu urteilen. Kein anderer kann euch beurteilen; nur ihr selbst. Kein anderer ist dazu befähigt. Kein anderer kennt das innere Wirken eures Herzens oder Geistes außer dem Schöpfer selbst.

Zu lieben, so wie Gott liebt, befreit euch von dem Verlangen, über andere zu urteilen. Es macht euch frei, um ehrlich euch selbst, euren Lieben und Gott gegenüber zu sein. Oftmals schauen Menschen auf andere, um sie zu bewerten. Sie schauen auf andere, auf diejenigen, die sie lieben, auf die Religion, auf zufällige Dinge wie Mode, um ihren Wert und ihre Bedeutung festzulegen. Da sie sich selbst nicht lieben, müssen sie die Liebe, nach der sie sich sehnen, an Orten, in Dingen und bei Menschen suchen. Diese Art von Liebe, die sie sich so sehr erträumen, bindet sie fester als Ketten an diese Institutionen, Menschen oder Dinge. Die Menschen trachten danach, ihren inneren Wert in vielen unterschiedlichen Dingen zu finden: im Geschäft, durch Erziehung, Erfolge, Süchte, durch Feindseligkeiten, Kriege und Mißbrauch. Menschen suchen vergeblich nach der Liebe, die doch immer da ist. Sie sehnen sich nach Sinn, nach einem Maßstab, um Werte zu beurteilen; dabei ist all das schon in ihnen und um sie. Menschen suchen die Liebe, die wärmt, tröstet und frei macht, und sie ist hier.

Die Liebe, die die Menschen suchen, die ihr sucht, die eure Lieben suchen, ist Gott. **Die Liebe, die zufriedenstellt, die das innere Verlangen stillt, die heilt, ist nur durch Gott verfügbar, durch unseren Schöpfer und heiligen Vater.** Nur in seiner Liebe werden all eure Bedürfnisse befriedigt, werdet ihr die Freiheit finden, die ihr ersehnt, und die Annahme, die ihr sucht. Denn nur in dieser reinen Liebe werdet ihr gewinnen und nicht verlieren, wachsen und nicht schwinden. Nur in dieser Liebe werdet ihr innere Freude und inneren Frieden finden.

Gott liebt euch mit bedingungsloser Liebe. Es ist eine Liebe, die das Herz erwärmt und die Seele mit Trost erfüllt. Diese große Liebe muß nichts vergeben, nichts auslöschen, nichts ersetzen. **Ihr seid in jeder Beziehung angenommen, unvorstellbar geschätzt und voller Freude innig geliebt.** Laßt dieses Wissen in die Tiefen eurer Herzen, in die inneren Winkel eures Geistes und in die tiefsten Bereiche eures Lebens einsickern. Laßt zu, daß dieses Wissen eure Tage mit Freude und mit völligem Frieden erfüllt.

Laßt euch trösten, denn ihr müßt Gottes bedingungslose Liebe nicht verdienen, oder ihr wert sein. Sie ist da, ob ihr sie nun erkennt oder nicht. Euch wird immer vergeben, ihr werdet immer wertgeschätzt, und immer geliebt.

Danke, daß ihr meiner Botschaft zugehört habt. Ich liebe euch heute so bedingungslos, wie Gott uns alle liebt.

Maria, die Mutter Jesu

24

Vertrauen ist Hoffnung

12/95

Viele Leute haben geschrieben und angerufen, weil sie wissen wollten, weshalb wir umgezogen sind. Ich wurde darum gebeten, in dieser Monatsausgabe des Nachrichtenbriefes eine Erklärung dafür abzugeben. Wir wissen nicht genau, warum wir aufgefordert wurden, hierher zu ziehen. Uns beiden, Byron und mir, wurde vor einiger Zeit die innere Botschaft zuteil, daß wir aufs Land ziehen sollten. Uns wurde gesagt, wir sollten unsere neue Anschrift für uns behalten, bis wir weitere Nachricht bekämen. Da es jetzt unvermeidlich ist, daß viele Leute unsere Anschrift kennen, muß es wohl die rechte Zeit dafür sein. Vor ungefähr zwei Jahren entrückte mich Mutter Maria in einer tiefen Meditation meinem Körper und fragte, ob ich bereit sei, den nächsten Schritt zu tun. Was das für ein Schritt ist, wurde mir bisher noch nicht offenbart. Ich sagte „ja", und Maria antwortete mir: „Dann werdet ihr nach Oklahoma ziehen". Wir wissen nicht, warum wir hier sein sollen, aber wir sind sicher, daß es uns zur rechten Zeit mitgeteilt wird. Bisher war es immer so, daß wir uns erst im nachhinein bewußt werden und verstehen. Zu keinem Zeitpunkt ist mir gesagt worden, ob dies ein sicherer Ort ist oder nicht. Das war nicht der Grund für unseren Umzug, auch nicht Voraussetzung dafür. Neulich rief uns ein Leser an. Er meinte, wir würden gewiß nicht dazu aufgefordert werden, an einen unsicheren Ort zu ziehen. Ich bin mir nicht sicher, daß dies eine richtige Schlußfolgerung ist – besonders nicht, seit mir die Sicherheit vor kommenden Erdveränderungen so wichtig ist. Ich habe akzeptiert, daß Tod ein Teil des Lebens ist und fürchte ihn nicht mehr. Ich denke auch nicht ständig daran. So muß ich nicht unbedingt an einem sicheren Ort leben. Ich möchte niemanden dazu ermutigen, hierher zu ziehen, nur weil es hier sicher sein könnte. Das wäre wirklich ein großer Irrtum. Wenn es für uns an der Zeit ist, das Leben auf Erden zu verlassen, dann werden wir … egal, wo wir sind, oder was wir tun. Davon bin ich vollkommen überzeugt.

Sicherheit kommt von innen. Wenn wir unserer inneren Führung vertrauen, so fühlen wir uns sicher. Ich „weiß“ tief in mir, daß ich immer wissen werde, was ich wissen muß; ich weiß, wann für mich die rechte Zeit ist, etwas zu tun. Es ist das tiefste Gefühl von Sicherheit, das ich je empfunden habe. Es macht mich frei, mein Leben ohne einen Gedanken an meine körperliche Sicherheit zu leben und mir keine Sorgen um die Zukunft zu machen. Ich vertraue auch darauf, daß dieselbe innere Führung meinen Mann und meine Kinder alarmieren wird, wenn sie handeln müssen. Ich „weiß“, daß ich geliebt werde, daß jeden Augenblick für mich gesorgt wird, und daß dies nicht nur für mich gilt, sondern für jeden auf Erden. Es ist nötig, daß wir unsere innere Führung achten. Aber nicht nur das: wir müssen es auch hinnehmen, ohne zu hinterfragen, daß wir in Sicherheit sein werden.

So laßt alle Sorgen los: Hört auf euer Herzinneres und vertraut euch selbst. Ihr werdet wissen, wohin ihr gehen müßt und wohin ihr zieht. Vertraut euch selbst und traut eurem Schöpfer, daß er euch alles Wissen, was ihr braucht, geschenkt hat. Wenn ihr euch von mir abhängig macht, so habt ihr eine der Hauptlehren von Mutter Marias Botschaft nicht verstanden. Ich kann es nicht für euch tun, auch kann ich nicht euer Pfadfinder sein. Euer Pfadfinder ist in euch, nicht in mir oder in Byron oder sonst irgend jemandem. Ich lehne es ab, von irgend jemandem als Führer benutzt zu werden. Ich helfe meinem Mann oder meinen Kindern auch nicht. Denn ich weiß, daß ich das garnicht kann; und ich kann auch sonst niemandem helfen. Wenn ich es doch täte, so wüde das bedeuten, daß ich Marias Botschaft nicht vollkommen verstanden habe.

Wir sollen in uns selbst suchen. Wenn ich es dennoch täte, würde das bedeuten, daß ich meine, ich könne jemanden retten. Dieser Irrtum jedoch könnte mich daran hindern, die Arbeit zu tun, um die Mutter Maria mich gebeten hat.

Jeder hat die nötigen Gaben in sich. Jeder kann Führung erhalten. Eure Führung mag vielleicht nicht gleichlautend mit meiner sein, aber es ist die rechte Führung für euch. Vertraut darauf, daß wir alle gleich erschaffen wurden. Jeder hat sein eigenes inneres Führungssystem in sich, und es funktioniert. Benutzt es auch!

– Annie

✧ ✧ ✧

LIEBE KINDER, mit großer Freude wende ich mich an euch. Es ist Zeit, euer Vertrauen aufzubauen. Vertrauen ist Hoffnung: es ist die Erwartung von Gutem. Wenn ihr vertraut, so verlaßt ihr euch auf etwas oder auf jemanden. Wie solltet ihr eurem Schöpfer nicht vertrauen, der euch ohne jede Bedingung und mit seiner vollen Aufmerksamkeit liebt? Wie solltet ihr nur einen Moment denken, daß ein Schöpfer, der göttlich ist, irgend etwas anderes tun könnte, als göttlich zu lieben? Wie könnt ihr glauben, daß unser Schöpfer euch je anders als freundlich und liebevoll behandeln würde? Habt ihr mir nicht geglaubt, als ich von Gottes großer Liebe sprach?

Glaubt mir nun. Habt Vertrauen in mich und **glaubt, daß Gott liebevoller ist als ihr euch vorstellen könnt. Er ist verständnisvoller, als ihr je für möglich gehalten hättet. Er ist zuverlässiger, als ihr je verstehen könnt.** Gott ist der Eine, der den Sternen und Planeten ihre Orte zuweist. Er schuf das Universum mit all seinen Wundern. Er schuf die Gesetze der Physik und der Natur. Er hat diese Welt so gemacht, daß sie auf einem Weg der Ordnung agiert und reagiert. Bringen die Wolken Blumen? Bringt der Winter unerträgliche Hitze?

Schwimmen die Vögel im Ozean? Denkt ihr, das ist lächerlich? Ja, das ist es, weil ihr vollkommen akzeptiert habt, daß Wolken Regen bringen, daß der Winter kalt ist und die Vögel durch die Luft fliegen. Es gibt keinen Grund, sich wegen dieser Dinge zu beunruhigen, oder doch? Ihr hängt von den Jahreszeiten und davon ab, daß die Tiere sich verhalten, wie sie es immer getan haben. Ihr vertraut darauf, daß auf den Winter der Frühling folgt, und daß nach dem Herbst der Winter einkehrt. Ihr habt nie die Sorge, daß die Sonne nicht aufgehen könnte, selbst wenn sie von Wolken bedeckt ist. Ihr verlaßt euch auf diese Dinge, ihr vertraut auf sie; und ihr habt keine Sorgen, was ihre Regelmäßigkeit betrifft.

Das ist das Vertrauen, das ihr auch in eure eigenen Fähigkeiten setzen sollt, nämlich, eurer inneren Führung zu folgen. Ich wünsche mir, daß ihr nie daran zweifelt, sondern nur vertraut, ohne Vorbehalte. Vertraut darauf, daß in euch alles ist, was ihr braucht, um dieses Leben zu leben, egal welche Erfahrungen ihr wählt. Vertraut darauf, daß Gottes Liebe für euch individuell und ganz real ist. Vertraut darauf, daß Er euch niemals in dieses Leben geschickt hätte, ohne mit dem ausgestattet zu sein, was ihr braucht, um erfolgreich ihr selbst zu sein. Vertraut darauf, daß ihr lieben könnt, wie Er es tut, bedingungslos. Ihr könnt euch auf euch selbst verlassen. Ihr könnt an euch selbst und an euren Schöpfer glauben.

Vertrauen ist Optimismus, denn Vertrauen zu haben bedeutet hoffnungsvoll zu sein und das Gute zu erwarten. Gott ist gut; Er ist der einzige, der vollkommen gut ist. Kein Mensch auf Erden kann volkommen gut sein. Aber ein jeder ist von Güte erfüllt. Manche Menschen ziehen es vor, ihre Güte zu verbergen. Manche Menschen haben sich in ihren Ängsten und in ihrem Zorn verstrickt, und glauben nicht mehr daran, daß Güte in ihnen ist. Manche glauben an die

Erbsünde, daran, daß die Menschen wegen der Sünde nicht gut sind. Sünde ist ein spiritueller Fehler, meine Lieben. Einen Fehler zu machen, bedeutet keine Minderung der innewohnenden Güte. Es ist einfach ein Irrtum. Entzieht ihr eurer Familie eure Liebe, wenn sie sich irrt? Glaubt ihr wirklich, daß ein liebender Schöpfer weniger tun würde?

Vertraut auf die innere Güte der Menschheit, selbst wenn manche Menschen ihre Güte nicht ausdrücken. Aber laßt euch nicht täuschen. Laßt euch nicht dazu verleiten zu denken, daß jeder auf Erden aus seiner inneren Güte heraus handelt. Es ist weise, sich selbst vor Schaden zu schützen, auch eure Lieben. Ein kluger Mensch sieht die innewohnende Güte eines jeden und kann auch sehen, daß Gewalt nur ein Ausdruck von Angst oder Zorn ist. Bleibt vorsichtig, und traut euch, tief in die Herzen der Menschen zu schauen. Vertraut darauf, daß tief in euch Güte ist, und daß ihr diese Güte auch ausdrücken könnt.

Wenn ihr euch selbst traut, so bedeutet das, daß ihr Glauben an euch selbst habt. Dann könnt ihr wirklich frei sein, euch auszudrücken. Glaube in eure Fähigkeiten zu „hören", zu „sehen" und zu „fühlen" wird euch freimachen für die Wunder eurer volllständigen Persönlichkeit. Wenn ihr euch selbst befreit, werdet ihr auch eure Lieben dazu befreien, ihre eigene innewohnende Güte auszudrücken. Glaube in euch selbst erzeugt Glaube in eurer Familie. Ihr werdet fähig dazu sein, die Menschen wirklich so zu „sehen", wie sie sind. Sind sie zu diesem Zeitpunkt schon so weit, daß man ihnen voll vertrauen kann? Könnt ihr Glauben an diese Menschen haben? Werden sie euch mit Freundlichkeit behandeln, oder werden sie euch fehlleiten oder verführen? Ihr werdet „wissen" und tief in eurem Herzen unterscheiden können, wer zu diesem Zeitpunkt vertrauenswürdig ist, und wer sich selbst durch seine Ängste oder seinen Zorn ausdrückt.

Der Glaube an eure eigenen inneren Fähigkeiten wird eure Verhaftungen beenden. Ihr werdet nicht mehr andere um Rat fragen wollen, wenn ihr eine Entscheidung fällen müßt. Ich meine damit keinesfalls, daß ihr niemals andere Menschen um Rat fragen sollt. Aber manche unter euch sind so zaghaft und haben solche Angst, Entscheidungen zu treffen, daß sie ständig andere um Führung bitten. Wenn ihr euch selbst vertraut, braucht ihr das nicht mehr. Und eure Sorgen und Ängste werden dann ein Ende haben.

Ihr könnt euch ändern, wenn ihr euch immer darauf besinnt, daß **Gott ein liebender Schöpfer ist. Er schenkte eurem innersten Herzen die Gabe, mit ihm zu kommunizieren.** Und durch diese innewohnende Fähigkeit, mit Gott in Verbindung zu sein, erhaltet ihr eure Antworten, eure Liebe, euer Vertrauen und euren Glauben. Wenn ihr euch auf Ihn verlasst, so verlasst ihr euch auf alles, was gut ist.

Danke, meine Kinder, daß ihr mir zugehört habt. Ich liebe jeden einzelnen von euch, so wie Gott euch liebt – bedingungslos.

Maria, die Mutter Jesu

25

Zeigt allen euren guten Willen

12/95

JETZT IST WIEDER DIE JAHRESZEIT, in der wir über Familie und Freunde nachdenken; es ist diese besondere Zeit im Jahr, in der wir nach Wegen suchen, anderen unsere Liebe auszudrücken. Vor langer Zeit wurden wir in einem unserer Familientreffen angewiesen, uns gegenseitig zu Weihnachten Briefe der Wertschätzung zu schreiben. Das machen Byron und ich jedes Jahr so. Als das Erntedankfest näherkam, freute ich mich schon auf die Briefe der Wertschätzung von Byron und unseren Kindern. Dann wurde mir klar, daß ich gelernt hatte, Individualität und spezielle Begabungen zu schätzen. Ich bin mir der Menschen und ihrer einzigartigen Gaben bewußter, besonders bei meinen Freunden und in der Familie. Ist es nicht schwieriger, die uns Nahestehenden zu schätzen, weil es so einfach ist, sie als selbstverständlich hinzunehmen? Das Wissen darum, daß ich einen Brief der Wertschätzung schreiben werde, hat mir diese Tendenz im Menschen bewußter gemacht und ist ein wichtiger Ansporn, meine Familie und meine Freunde nicht als selbstverständlich hinzunehmen. Das hat mir Augen und Ohren für die vielen Gründe geöffnet, weshalb ich sie liebe, und wie sie mir helfen. Manchmal kommt die Hilfe durch Tränen, aber viel häufiger durch Lachen. Alles in allem macht der Ausdruck der Wertschätzung in einem Brief zu dieser Jahreszeit meine Liebe für sie und euch noch größer.

Heute bin ich mir eurer sehr bewußt, meine Freunde und Helfer der Nachrichtenbriefe. Ich bin mir der vielen Wege bewußt, auf denen ihr eure Liebe und Unterstützung gezeigt habt. Ich fühle eine tiefe Anerkennung für die Vielen, die uns das ganze Jahr über in ihre Gebete eingeschlossen haben. Den Vielen, die mit der Hoffnung geschrieben haben, daß ich eines Tages antworten würde, möchte ich sagen: Glaubt mir, daß ich immer noch nach Kräften versuche, den Postrückstand aufzuarbeiten. Ich weiß eure Geduld zu schätzen und höre liebend gern von euch, auch wenn ich überhaupt nicht pünktlich mit der Antwort bin. Wir würdigen die wunderbaren Menschen, die sich in diesem Jahr finanziell dafür eingesetzt haben, daß ich ihren Landesteil besuchen konnte. Die von ihnen geleistete Arbeit ist riesig; für die aufgewendete Zeit sind wir dankbar. Ich liebe euch alle, von der Ostküste bis zur Westküste und in allen Landesteilen dazwischen. Ich schätze die Menschen hoch ein, die ihr Heim öffneten und mich einluden, an ihrer Wärme und Liebe teilzuhaben. Alle haben mich mit Aufmerksamkeiten überschüttet; ihr machtet meine Reisen in diesem Jahr zu einem Vergnügen. Den Menschen in Island, die ihr Herz geöffnet hatten, möchte ich sagen: Ich war sehr gern in eurem schönen Land. Es war mir, als würde ich zu einem ganz besonderen Platz zurückkehren.

Zu den Menschen, die sich die Mühe gemacht haben, an einem Vortrag oder einem Workshop teilzunehmen, sage ich: ich schätze eure Zeit und eure Aufmerksamkeit. Ich würdige die Menschen, die beim Earth Festival in Dallas dabei waren und durch ihre Anwesenheit ihre Unterstützung bezeugten. Ich bewundere aufrichtig die Freiwilligen und das Personal, die Earth Festival zu einem Erfolg gemacht haben. Wunderschöne Gesichter von all den Menschen, die ich in den letzten drei Jahren getroffen habe, tauchen in mir auf. Ich erinnere mich der wunderbaren Leute, die uns telefonisch ihre Unterstützung und Ermutigung mitteilten. Viele von ihnen betrachte ich jetzt als enge Freunde, schon wegen der Zeit, die wir miteinander verbracht haben. Ihr habt eure Herzen aufgemacht und eure Geschichten, eure Erfahrungen und eure Liebe geteilt. Ich habe alle eure Hinwendung gespürt und liebe euch mit ganzem Herzen. Ihr habt dafür gesorgt, daß mir meine Arbeit leicht vorkam, der Druck zur Weiterarbeit sich gut anfühlt und die vor mir liegenden

Tage so sind, daß ich ihnen gern entgegensehe. Dank für eure Zeit, eure Ermutigung, Liebe, eure Gebete und Teilnahme.

Ich würdige besonders meine Freunde in anderen Teilen der Welt. Ich schätze, daß ihr euch die Zeit genommen habt, mir zu schreiben und mich euer Mitgefühl wissen zu lassen. Ich bewundere die Vielen, die Kunden der B&A-Waren geworden sind und gekauft haben, wann immer das möglich war. Es ist eine der Weisen, durch die wir Kleidung, ein Dach über dem Kopf und genug zu essen haben. Glaubt mir, wir sind dankbar für unser Heim, unseren Lebensunterhalt und die Möglichkeit, Menschen durch unsere gebündelte Anstrengung weiterhin zu helfen. Aber ich würdige auch die Menschen, die mit mir oder mit dieser Botschaft nicht einverstanden waren. Vielen Dank dafür, daß ihr ehrlich wart und mir geholfen habt, eure Standpunkte zu erkennen.

Am meisten schätze ich euch, die ihr mir über die Jahre zur Seite gestanden, mich ermutigt und in mir den Menschen und nicht die Botschaft gesehen habt. Ich bin meinen Freunden dankbar, die mir gestatten, ein Mensch zu sein und Fehler zu machen. Aber am allermeisten schätze ich euch, die ihr nicht angerufen oder geschrieben habt. Ich danke für eure stille Unterstützung. Ich würdige die Beziehung, die sich durch Mutter Maria zu euch allen ergeben hat.

Als ich heute morgen mein Inneres leermachte, hörte ich „... Wertschätzung ist ein Trost, der das Herz besänftigt, wenn es zweifelt". Ich finde, daß nicht nur die Wertschätzung besänftigt, sondern auch das Annehmen. Durch euer Annehmen habt ihr mir geholfen, spirituell, gefühlsmäßig und in der Liebe zu wachsen. Danke für alles, was ihr getan habt, und für alles, was ihr seid.

– Annie

✧ ✧ ✧

MEINE LIEBEN KINDER, welch eine wundervolle Jahreszeit das ist. Welch ein Bewußtsein der Fürsorge und des guten Willens kommt in dieser Jahreszeit zum Ausdruck. Erinnert euch, meine Kinder, daß es so an allen euren Lebenstagen auf der Erde sein kann. Eure Herzen können von Liebe, Wärme und Hoffnung erfüllt sein. In dieser Jahreszeit kümmern sich die Menschen mehr um die weniger Erfolgreichen. Aber es gibt auch solche, die gerade in dieser Zeit des Jahres in die Verzweiflung geschickt werden. Mich beschäftigt jeder von euch, meine lieben Kinder. Wir sind alle eine Familie. Viele glauben, Familie würde bedeuten, daß Menschen von den gleichen Eltern im gleichen Elternhaus geboren sind. Das ist aber nur eine Bedeutung des Wortes Familie; es gibt andere, umfassendere Bedeutungen. Jeder Erdenbürger bildet mit jedem anderen eine Familie. Wenn ihr über das Wort Familie nachsinnt, denkt an eure ganze Menschenfamilie. Denkt an die Alten und die Kinder, die vielleicht keine Eltern oder keine Kinder um sich haben. Denkt an alle Menschen der Welt und in anderen Teilen eurer Lebensgemeinschaften. Auch sie gehören zur Familie. Dies ist die Jahreszeit, allen Menschen Liebe und guten Willen entgegenzubringen.

Es ist die Jahreszeit, durch Geschenke Anteilnahme und Fürsorge zu zeigen. In diesem Jahr sollte euer Geschenk das der bedingungslosen Liebe und der Vergebung sein. Wenn es Streit in der Familie gibt, ist jetzt die Gelegenheit zur Vergebung. Es gibt eine heilende Öffnung, die Frieden hervorbringt. Versucht, euch gegenseitig mit offenem, von Zuneigung und gutem Willen angefülltem Geist zu sehen. Gestattet euren Herzen, nach Wegen zu suchen, die eurem Leben Frieden schenken. Oft genug bringen diese Feiertage das Beste und das Schlimmste in den Menschen zum Vorschein. Am besten ist es, guten Willen und Liebe durch Annehmen und Wertschätzung miteinander zu teilen.

Wenn ihr euch aufrichtig akzeptiert, öffnet ihr euer Herz der Schönheit eures inneren Seins. Ihr öffnet euer eigenes Bewußtsein für den Zustrom an Trost und die Sanftmut des

Geistes. Ein sanfter und angenehmer Mensch ist jemand, der willentlich das Gute in anderen sieht und bereitwilliger vergibt. Nehmt die Schönheit an, die ihr heute seid. Akzeptiert, daß eure Schönheit eine innere ist, in Liebe geboren und ausgedrückt in eurer einzigartigen Persönlichkeit. Akzeptiert eure Unzulänglichkeiten und begreift, daß es genau diese Unzulänglichkeiten sind, die eure Persönlichkeit ausmachen. Akzeptiert eure starken Seiten und versteht, daß ihr ebenso lernen könnt zu geben, wie ihr gelernt hat, stark zu werden.

Akzeptiert eure Gefühle und begreift, daß sie eine Spiegelung dessen sind, was tief in euren Herzen ist. Wenn eure Gefühle in Verzweiflung münden, geht tief in euch hinein, denn in der Tiefe findet ihr die wundervolle und sanfte Seele, die darauf wartet, Trost und Liebe zu spenden. Wenn ihr euch einsam fühlt, dann denkt daran, daß auch andere das Gefühl der Einsamkeit haben. Sie sehnen sich nach jemandem, der sie anruft, der ihnen zulächelt, der einfach ihr Dasein auf der Erde akzeptiert. Vielleicht seid ja ihr diejenigen, die andere akzeptieren, weil ihr euch selbst akzeptiert habt. Das ist das Geschenk des Christuskindes, daß wir uns gegenseitig so annehmen, wie wir selbst angenommen werden wollen. Dies ist das größte Geschenk, das wir anderen machen können.

Habt Verständnis für euch selbst. In diesem Leben gibt es viel, wofür ihr dankbar sein könnt, und viel, was ihr an der menschlichen Erfahrung schätzen solltet. Begreift, daß in diesem Menschlichen ein Geist waltet, der ihr selbst seid. In jedem Menschen wohnt ein Geist, der so großartig wie nur möglich ist. Im menschlichen Geist sind Schönheit, Mut, Hoffnung, Weisheit und Liebe zu Hause. In jeder Persönlichkeit spiegelt sich das in anderer Weise wider. Versucht, die Schönheit in anderen zu erkennen. Versucht, die verschiedenen Formen von Hoffnung, Mut und Weisheit zu verstehen, wenn ihr mit neuem Blick auf eure Familie und eure Freunde schaut. Es gibt viel in euch selbst und in anderen zu bewundern. Vieles ist anzuerkennen, wenn ihr euch nur darum bemüht, diese Dinge auch zu finden. Stellt eine Liste eurer Begabungen, eurer Stärken und eurer guten Seiten zusammen. Fangt damit an, genau diesen Geist zu lieben, der in euch wohnt und der ihr selbst seid. Achtet die Chance, die das Leben schenkt, zu lieben, zu trösten, sich auszudrücken und miteinander zu teilen. Solche Geschenke sollt ihr euren Lieben machen. Andere Geschenke verblassen, wenn sie nicht mit dem ausdrücklichen Ziel gegeben werden, eure Liebe, Sanftheit und Fürsorge zu demonstrieren. Es geschieht in dieser Zeit viel zu häufig, daß man äußerliche Geschenke für den größten Ausdruck von Liebe hält; die Menschen aber sehnen sich nach wirklicher, unbedingter Liebe. Ihr Menschen braucht das Wissen, daß andere euch akzeptieren und euer Dasein wahrnehmen.

Kinder, seien sie klein oder herangewachsen, brauchen dringend Aufmerksamkeit, Zeit, Rücksichtnahme und das Gefühl, daß die Eltern ihr Dasein wahrnehmen. Manchmal genügt es ihnen schon, als lebendig und wohlauf wahrgenommen zu werden. Eltern müssen verstehen, daß ihre Kinder sich selbst als Personen verstehen. Schwestern wollen verstehen, daß ihre Mitgeschwister um sie als Persönlichkeit wissen. Häufig genügt es schon, das Geschenk eines Lächelns und einen Gedanken des guten Willens zu bekommen. Brüder brauchen den Trost, daß man sich in Liebe an sie erinnert. Freunde müssen in Erinnerung bleiben. Aber einen Fremden wahrzunehmen, jemandem im Vorübergehen zuzulächeln, mit der Bemerkung zu nicken „Ich sehe dich hier mit mir auf diesem schönen Planeten“, das sind andere Weisen, guten Willen zu zeigen. Es sind so einfache Dinge wie ein Lächeln, ein Nicken des Kopfes, ein „Dankeschön" zur rechten Zeit, die den guten Willen auf der Erde formen.

Haltet den Gedanken des guten Willens auf Erden an allen Tagen des Jahres aufrecht. Sucht nach einfachen Wegen, euren guten Willen im täglichen Leben auszudrücken. Es muß kein teures Geschenk sein; es ist besser, jeden Tag Freundlichkeit, Sanftmut und guten Willen zu schenken. Das ist die beste Art, der Erde heute Frieden zu bringen. Durch das Akzeptieren von Menschen und ihren Erlebnissen wird der gute Wille wachsen und sich ausbreiten. Guter Wille ist die Art zu denken, mit der man Kleinkrämerei und Neid beseitigt. Es ist das Wort, das man mit einem Klang von Liebe ausspricht. Es ist ein Gebet für die anderen, die heute leiden.

Der gute Wille ist eine andere Art, bedingungslose Liebe zu erweisen. Er ist eine gute und vernünftige Art, über euch selbst und andere nachzudenken. Sind alle meine Motive auf guten Willen gegründet? Führt meine Handlung guten Willen herbei? Sind meine Absichten auf das Gute gerichtet? Strebt mein Wille nach dem Guten? Diese Fragen solltet ihr euch selber stellen. Laßt jeden Tag von gutem Willen angefüllt sein. Guter Wille geht dem Frieden voraus. Und Frieden, meine lieben Kinder, ist eure Zukunft. Es kann für euch eine nahe oder eine ferne Zukunft sein – das hängt von euch ab. Wann fangt ihr an, in Frieden und mit einem von gutem Willen erfüllten Herzen zu leben? Wann öffnet ihr euer Herz für die bedingungslose Liebe und schiebt das, was weh tut, als unwürdig beiseite? Wann laßt ihr das Gewesene hinter euch und sucht nach einer strahlenden, schönen Zukunft, die erfüllt ist vom Frieden auf Erden und vom guten Willen allen Menschen gegenüber?

Es ist mein starker Wunsch, daß ihr heute beginnt, die Zukunft zu leben, alte Streitfragen zu bereinigen und zu begreifen, daß nur Liebe, Frieden und guter Wille eurer Aufmerksamkeit wert sind. Ich liebe euch sehr. Ich schätze eure Zeit, eure Aufmerksamkeit und Liebe. Ich weiß, daß ihr bedingungslos lieben könnt; ihr könnt eure Aufmerksamkeit auf Freundlichkeit und guten Willen ausrichten. Ich weiß, daß ihr bereits von der Göttlichen Liebe erfüllt seid. Es ist so; laßt es jetzt auch im täglichen Leben so sein.

Maria, die Mutter Jesu

26

Hört, spürt und riecht die Wahrheit

2/96

Es ist meine Hoffnung, daß ihr im neuen Jahr alles das finden werdet, was ihr euch ersehnt. Manchmal können wir das Gute für uns nicht sehen, weil es in einen Umhang von Unheil verhüllt ist. Ich denke, es ist unsere Pflicht, in jeder Situation und in jedem Geschehen ohne Unterlaß nach dem Guten zu suchen. Kürzlich hat mich mein Sohn besucht, der an Mongolismus leidet. Ich erinnere mich, wie sehr ich um ein Kind gebetet hatte. Ich hatte drei zu früh beendete Schwangerschaften hinter mir und fühlte, daß ich vielleicht nie die Freude der Mutterschaft erleben würde. Als Mark geboren wurde, stellten die Ärzte sofort seinen Mongolismus fest. Er war sehr schwach, und sie waren von seinem baldigen Tod überzeugt; danach hätten sie mir keine Auskunft über alles mehr geben müssen. Aber Mark lebte, und er lebt über alle ihm eingeräumten Lebenserwartungen hinaus. Man sagte uns, seine längste Lebenszeit würde höchstens zwanzig Jahre betragen; er dagegen feierte im letzten September seinen 40. Geburtstag. Er ist der lebende Beweis dafür, daß Gebete Wirkung haben. Was mich aber damals beschäftigte, waren die zehn Tage andauernde Schmeichelei, die Einschüchterung, die Drohung und die Beschimpfung. Die Ärzte wollten mich durch diese Methoden dazu bringen, ihn für eine Heilanstalt freizugeben. Aber ich blieb in meinem Willen felsenfest, daß er nirgendwo anders hin als in meine eigene Obhut kommen sollte. Ich erinnere mich, daß ich den Ärzten sagte: „Ich habe um ein Kind gebeten, und Gott hat mir dieses Kind geschickt. Wenn Er der Meinung ist, daß ich mich um Mark kümmern kann, dann kann ich es mit Sicherheit auch", auch wenn ich erst 18 Jahre alt war und keinerlei Erfahrung in der Fürsorge für Kleinkinder hatte. Alle hielten das damals für eine Tragödie, einschließlich Marks Vater und der Familie, der Freunde, der Mediziner und der Geistlichen. Dennoch war ich glücklich darüber, daß Gott mir ein Kind geschickt hatte. Es war so einfach: Gott antwortete auf mein Gebet, und ich bekam ein Kind. Ich nahm Mark überall hin mit, und das in einer Zeit, als man Kinder wie ihn versteckte. Es erfüllte mich mit Freude zu fühlen, daß ich innerlich mit ihm verbunden war, auch wenn die meisten Leute glaubten, ich würde das nur träumen. Gott hatte mir einen verkleideten Engel gesandt; und ich liebte jeden Augenblick meiner Fürsorge für Mark. Heute ist aus ihm ein sehr eigensinniger Mensch geworden, Mann und Kind zugleich. Aber unsere Liebe zueinander ist stark. Ich bin glücklich, daß Mark mich als Mutter ausgewählt hat, weil er der wichtigste Lehrer in meinem Leben gewesen ist. Was er mir beibrachte, waren Geduld, Verständnis, die Verpflichtung zur Liebe, Ehrlichkeit, und am wichtigsten: die Freude, tief mit jemandem verbunden zu sein, der einem vollständig vertraut.

Ich will damit sagen: Obwohl das Gute mir wie eine verhüllte Tragödie begegnete, wurde aus derselben Tragödie eine meiner größten Segnungen. Vielleicht habt ihr das in eurem Leben auch so erfahren. Wir sollten uns ständig daran erinnern, das Gute zu suchen, das in jeder Situation vorhanden ist. In jeder unserer Erfahrungen in diesem Leben gibt es immer das Gute, wenn wir bereit sind, es als solches anzunehmen.

– Annie

✧ ✧ ✧

MEINE LIEBEN KINDER, mit großer Freude erinnere ich euch an eure Freude. Es ist die Freude, die auf jene wartet, die den eigenen inneren Bezug zum Vater gefunden haben. Indem ihr diese starke innere Beziehung aufrecht erhaltet, entdeckt ihr eine herrliche Art und Weise, ein neues Jahr, eine neue Aufgabe oder einen neuen Tag anzufangen. Durch diese innere Verbindung findet ihr eine tiefe Quelle der Weisheit in euch selbst. Es ist die uralte Weisheit. Euer eigener innerer Kontakt eröffnet euch einen unaufhörlichen Überfluß an innerer Erkenntnis. In eurem inneren Bewußtsein, dem innigen Verlangen und eurem innerlichen Erwachen ist die Weisheit gespeichert.

Seid versichert: durch die andauernde Stärkung eurer inneren Beziehung zum Vater wird sich eine Flut an Erkenntnis und Weisheit in jede eurer Entscheidungen, eurer Pläne und Projekte ergießen. Dieser Wissensfluß wird nicht aufhören, es sei denn, daß ihr den inneren Kontakt zu eurem Besten, nämlich den inneren Bezug zu Gott, unterbrecht. Sucht die von euch gewünschten Antworten mit aller Kraft, denn dann sind sie mit einem großen Reichtum an Wirksamkeit verbunden. Die Ideen, die euch unvermittelt in den Sinn kommen, sind angefüllt mit Bewußtheit und durchdrungen von Verständnis. Euer ganzes Leben vollzieht sich in Liebe, Geduld und aller Art guter Ereignisse. Es ist das Gute, das vom inneren Vater kommt.

Das Leben kann ein fröhliches Abenteuer sein, wenn ihr euch all dem öffnet, was ihr in euch habt. Da gibt es das großartige Abenteuer der Suche. Beginnt die Suche mit euren Fragen. Laßt die Antwort aus eurer inneren Schatzkammer an Erkenntnis und Weisheit kommen. Fangt danach das Abenteuer an, neue Fragen zu stellen. Die größte Freude besteht darin, Antworten für euch zu erhalten. Antworten können euch in einer Vielzahl von Weisen gegeben werden. Gott benutzt alle eure Sinne, um zu euch zu sprechen. Sucht eure Antworten mit Geduld und einem Blick auf das Unerwartete. Das ist die Freude des Abenteuers. Kämen eure Antworten auf bekannte und erwartete Weise, gäbe es keine Freude bei ihrer Entdeckung. Laßt eure oberste Suche auf Gott ausgerichtet sein, dann werdet ihr nicht vergeblich suchen. Achtet auf das Verborgene. Öffnet eure Augen und seht auch das, was sich euren Blicken verbirgt. Seid euch jedoch immer auch dessen bewußt, was ihr scharf, ohne Probleme und unverhüllt vor Augen habt.

Manchmal können die Menschen nicht sehen, was sie direkt vor sich haben. Sie wollen einfach nicht sehen. Sie haben vorgefaßte Meinungen darüber, wie ihre Antwort und ihre Suche auszusehen hat. Sie verfehlen das Offensichtliche. Man sagt: Es ist niemand so blind wie der, der nicht sehen will. Meine Kinder, laßt das nicht von euch sagen. Öffnet eure Augen für das Alltägliche und Normale ebenso wie das Nicht-Alltägliche und Ungewöhnliche. Seht die gewöhnlichen Vorkommnisse in eurem Leben mit neuer Einsicht. Sucht in eurem innersten Herzen nach der Wahrheit eures täglichen Lebens. Sucht Gott im Sonnenuntergang und im Sturm. Sucht Gott im Unkraut genauso wie im gepflegten Garten. Seht über die Natur hinaus auf den geistigen Sinn der Natur. Seht über eure Mitmenschen hinaus auf das innerste Herz der Menschen. Häufig genug handeln Menschen in wenig liebenswerter Weise, wo sie doch in Wahrheit Liebe suchen und geliebt werden wollen. Sucht mit allen euren Sehorganen nach dem offen Darliegenden ebenso wie nach dem Verborgenen.

Hört mit all euren Hörorganen. Hört auf den Strom der Laute, die in eure Gedanken eindringen und geistige Bilder hervorbringen. Hört in Stille auf die ungesprochenen Worte. Hört auf den Herzschlag eures eigenen Lebensrhythmus'. Hört auf eure Lieben; hört auf die von euch selbst gestellten Fragen und die Antworten, die ihr von Zeit zu Zeit erhaltet. Lauscht der Musik, horcht auf die Süße der Wahrheit. Hört immerzu. Gestattet euren äußeren Ohren, auf das zu hören, was sich hinter den Worten verbirgt. Horcht mit den inneren Ohren auf die geheimen Klänge eures Alltagslebens.

Schmeckt das Ungewürzte und riecht das Geruchlose. Die Wahrheit hat einen ganz eigenen Geschmack. Sie durchdringt eure Sinne und hilft euch, den Klang der Wahrheit zu hören, das Licht der Wahrheit zu sehen, die Wahrheit zu schmecken, noch lange, nachdem jeglicher Klang abgeebbt ist. Habt ihr nicht auch schon sagen gehört: „Diese Situation hat einen bitteren Beigeschmack"? Benutzt euren Entdeckersinn, das Verborgene jeder Situation herauszufinden. Gebraucht euren Geschmackssinn, um die Wahrheit Gottes in jedem Menschen zu verstehen.

Gott gebraucht auch den Geruchssinn, um eurem inneren Bewußtsein Antworten zu vermitteln. Oft genug ist der Geruch, den eine Person oder eine Situation ausströmen, unangenehm. Das heißt aber nicht, daß die betreffende Person schlecht oder unangenehm ist. Es könnte bedeuten, daß die Situation nicht die richtige für euch ist. Es könnte heißen, daß die Person verletzend ist und sich irgendwie unglücklich fühlt. Seid wachsam für die Möglichkeit einer Antwort, die über den Geruch zu euch gelangt.

Die Wahrheit hat einen ganz eigenen Duft. Der Geruch der Wahrheit überwältigt durch sein ungewürztes, geruchloses Aroma. Der Tastsinn eignet sich besonders gut, um Antworten zu erhalten. Empfindet ihr nicht auch bei manchen Menschen Traurigkeit und bei anderen Glücklichsein? Fühlt ihr nicht auch, daß manche Situationen stimmen und andere vor Gefahr warnen? Die zarte Liebkosung der Wahrheit kann niemand leugnen. Wenn ihr euch über die Wahrheit, die ihr sucht, klar werdet, heißt das, Unsichtbares zu sehen, Unhörbares zu hören, Ungewürztes zu schmecken, Geruchloses zu riechen und das Unberührte zu fühlen. Nichts packt euer Herz mehr als die Wahrheit, die ihr sucht. Sie wird unmißverständlich klar sein.

Öffnet euch allem, was ihr selbst seid. Gestattet all dem, was ihr sein könnt, voll in euer Leben zu treten. Laßt alle vorgefaßten Meinungen beiseite; nichts soll euch davon abhalten, in den von euch gesuchten Antworten die Wahrheit zu finden. Wenn ihr infrage stellt, wenn ihr über euren Glauben, eure Zweifel und Sehnsüchte nachdenkt – dann seid ihr wirklich auf der Suche. Die Wahrheit wird euch finden, und damit zugleich findet ihr Erkenntnis, Weisheit, Freude und Liebe. Öffnet eure Herzen und euren Geist, die Sinne und eure ganze Seele. Laßt die Weisheit in eure alltäglichen Angelegenheiten einkehren. Überlaßt der Liebe die oberste Herrschaft in eurem täglichen Leben. Gestattet Gott, mit seinem ganzen Sein in euch zu wohnen. Auf diese Weise werdet ihr in das gewaltige Abenteuer eintauchen, das Leben heißt. Ihr werdet die Lust der Freude spüren, bedingungslos zu lieben, und euer Leben mit der Weisheit aller Zeiten leben.

Ich liebe euch ohne Maß. Ich freue mich über eure Anstrengung. Meine Gebete sind ohne Unterlaß für euch und bei euch.

Maria, die Mutter Jesu

Nachtrag

April/Mai 96

MEINE LIEBEN KINDER, mit Liebe komme ich heute zu euch. Öffnet euch der Freude und Liebe dieser Jahreszeit: dem Frühling. Es ist die Zeit der Erneuerung, die Zeit der Auferstehung, und es ist eine Zeit der Wärme. In dieser Jahreszeit haben wir die Gelegenheit, uns selbst wieder zu erneuern, uns zu erquicken und unsere Gärten neu anzulegen. Bedenkt, daß euer Herz einem Garten sehr ähnlich ist. Im Garten gibt es immer eine Menge zu tun, und das gleiche gilt auch für euer Herz. Der Frühling ist die Jahreszeit, in der die verwelkten Pflanzen ausgerissen, Unkraut gejätet und in den Boden, aus dem noch wenig sprießt, neue Pflanzen gesetzt werden. Genauso braucht euer Herz auch von Zeit zu Zeit besondere Pflege.

Im Garten eures Herzens müssen alte oder hinfällige Ideen, Angewohnheiten und Gedankenmuster ausgerissen und immer wieder unliebsame Gedanken und Gefühle ausgesondert werden. Dann habt ihr auch die Freude, liebevolle Gedanken im Garten eures Herzens anpflanzen zu können, was ihr durch Glaubensaffirmationen unterstützen solltet. Ihr könnt euer Herz mit einer Geisteshaltung der Akzeptanz und Anerkennung bepflanzen, und immer gibt es in einem Herz-Garten auch einen Platz für friedliche Ideen.

Sondert alte unerwünschte Gewohnheiten, Ideen und Gedankenmuster durch die Wandlung eures Herzens aus. Während dieser Zeit werdet ihr eure Seelen erforschen müssen; denn ihr müßt euer Leben neu bewerten und zusehen, welche Gedanken- und Verhaltensmuster euch Gott nahebringen und welche Muster dies verhindern. Es ist die Zeit, ehrlich mit euch selbst zu sein. Es tut euch nicht gut, die Gedanken- und Verhaltensmuster, die in eurem Leben eine

Rolle spielen, zu verdrängen. Ihr täuscht damit nur euch selbst und keinen sonst, denn die anderen sehen das, was ihr euch selbst nicht eingestehen wollt, sowieso. Entschließt euch also, ehrlich zu sein und zu werten. Entschließt euch dazu, Veränderungen zum Besseren vorzunehmen. Macht euch klar, was euch in eurem Leben wichtig ist. Denkt daran, daß Entscheidungen eure Wahl darstellen. Eines von Gottes großartigsten Geschenken ist die Freiheit, nach eurem eigenen Willen wählen zu können. Es hängt allein von euch ab, die Entscheidungen und die Wahl zu treffen, nach denen sich euer Leben und die Ereignisse, Umstände und Menschen, die in euer Leben treten, richten. Wollt ihr mehr Liebe? Dann werdet liebevoller im Umgang mit euch selbst und in eurem Verhalten anderen Menschen gegenüber. Ich vernehme viele Gebete, in denen sehr deutlich zum Ausdruck kommt, wie sehr sich die Menschen nach Liebe sehnen; und sie bitten Gott um mehr Liebe in ihrem Leben, um einen Gefährten, mit dem sie ihr Leben teilen dürfen. Wie aber könnt ihr Liebe teilen, wenn ihr gar keine Liebe in eurem Herzen habt? Wollt ihr mehr Liebe in eurem Leben, so pflanzt liebevolle Gedanken und zieht Meinungsverschiedenheiten und Groll wie Unkraut aus. Wenn ihr Liebe wollt, so handelt liebevoll. Beginnt schon heute damit, und laßt Liebenswürdigkeit euer Leitmotiv sein. Seid freundlich zu euch selbst und mit eurem Nächsten. Strebt nach liebevollen Taten, Freundlichkeit und Achtung anderen Menschen gegenüber; respektiert ihre Entscheidungen und ihre Art zu leben. Auf diese Weise pflanzt ihr Samen der Liebe in euer Herz und werdet ganz bestimmt die Liebe, die ihr sucht, auch ernten.

Viele Menschen beten, daß ihnen in ihrem Leben Gutes zuteil werde. Sie suchen gute Freunde, gute Beziehungen, ein schönes Heim oder einen guten Beruf. Ihr sucht Gutes und habt doch das Herz voller Eifersucht, Neid, Kritiksucht und Mißachtung gegen andere. Ihr müßt Gutes pflanzen, um Gutes ernten zu können. Erinnert euch, was mein Sohn den Menschen zur Antwort gab, als sie ihn ‚gut' nannten: „Warum nennt ihr mich gut, wo es doch nur einen Einzigen gibt, der gut ist, und das ist der Gott von allem." Wenn ihr gute Dinge oder gute Bedingungen sucht, so sucht ihr in Wirklichkeit Gott, den Vater in eurem Inneren. Wenn ihr für Gutes betet, so betet ihr in Wahrheit darum, eine feste Beziehung mit Gott, der über allem steht, einzugehen. Meine Kinder, wenn ihr euch dafür entscheidet, auf das Gute in jedem Menschen zu schauen, so pflanzt ihr damit Samen des Guten. Grabt schlechte Angewohnheiten, wie Neid, Eifersucht, Kritik und Mißachtung aus. Wenn ihr euren Glauben an das Gute und an Gott stärkt, so wird es euch auch gelingen, diese negativen Gefühle loszulassen.

Wenn ihr merkt, daß ihr neidisch oder eifersüchtig auf andere seid, so erinnert euch daran, daß dies im Grunde Furcht ist, die sich in eurem Herzen erhebt. Und denkt daran, daß ich euch darum gebeten habe, diese Gefühle in Liebe für euren Nächsten umzuwandeln, in dem Wissen, daß ihr ebensosehr geliebt werdet wie alle anderen auch und daß ihr Gott, unserem Vater, genauso wichtig seid wie euer Nächster.

Was ihr an anderen kritisiert, ist für gewöhnlich das, was ihr an euch selbst nicht leiden könnt. Schaut genau hin, denn das, was ihr als vermeintliche Fehler an anderen entdeckt, wird euch einen Einblick in das verschaffen, was ihr an euch selbst im Grunde nicht mögt. Achtet genau darauf, was ihr glaubt, wie andere Leute ihr Leben führen sollten, und ihr werdet feststellen, daß dies im Grunde eure eigenen

Bedürfnisse sind. Mit Umsicht und Gewissenhaftigkeit könnt ihr eure Angewohnheit, andere zu kritisieren, ablegen und euch eurer innersten Gedanken und Gefühle bewußt werden. Sagt niemals wieder: „Ich kann mir nicht helfen, das ist eben nun mal meine Meinung." Erkennt, daß ihr alte, nutzlose Gedankenmuster überwinden könnt, ihr könnt schlechte Angewohnheiten ablegen, und ihr könnt euer Verhalten ändern. Behutsam und liebevoll sollt ihr das tun, genauso, wie ihr für einen wunderschönen Garten sorgt. Das erfordert Zeit, Anstrengung und Beharrlichkeit.

Der Lohn ist größer, als ihr es euch jetzt vorstellen könnt. Der Lohn ist ein Leben, das nur von Gutem erfüllt ist. Das heißt nicht, daß nichts mehr, was ihr für „schlecht" haltet, geschehen kann; es bedeutet vielmehr, daß ihr die Erfahrung machen dürft, daß mit dem Schlechten auch immer Gutes einhergeht. Es bedeutet, ihr werdet all die Liebe haben, die ihr sucht; es bedeutet, ihr werdet Frohsinn und Glück in den einfachen Freuden des Lebens finden. Es bedeutet, ihr habt die überwältigende Freude einer realen, mystischen Erfahrung mit Gott. Es bedeutet: Ihr werdet feststellen, daß ihr euch selbst wirklich liebt, und wenn ihr das tut, werdet ihr sehen, daß ihr auch die anderen Menschen wirklich lieben könnt.

Wenn ihr euch zu einem von Liebe erfüllten Leben hin verändert, ändern sich andere, und der Kreis wird immer größer. Durch den Respekt und die Achtung, die ihr anderen Menschen entgegenbringt, werdet ihr euch selbst noch mehr respektieren und achten können. Das wandelt Herzen, Leben, Familien und ganze Gemeinschaften. Es ist wesentlich für die Menschheit als Ganzes, daß ihr den Garten eures Herzens mit guten Gedanken erfüllt, mit liebevoller Gesinnung, friedlichen Verhaltensmustern und mit großer Achtung euch selbst und anderen gegenüber.

Wenn ihr die alten, nutzlos gewordenen Muster aus eurem Leben entfernt und euch verändert, helft ihr damit der Menschheit, die Verhaltensweisen eurer Welt zu verändern. Das ist möglich, aber es kann nur von euch vollbracht werden. Ihr seid wichtig für die ganze Menschheit, ihr seid wichtig für Gott und für mich. Danke, daß ihr meiner Botschaft zugehört habt. Ich liebe jeden von euch, und ich sehe in jedem von euch euer volles Potential.

Maria, die Mutter Jesu

Juni/Juli 96

MEINE LIEBEN KINDER, mit großer Freude und mit großer Liebe ermutige ich euch, treu an der Vergebung und an bedingungsloser Liebe für eure Familien festzuhalten. Wenn ihr die Entscheidung trefft oder die Verpflichtung eingeht, bedingungslos zu lieben, so schließt ihr euch vielen anderen Menschen an, die lernen, in Frieden zu leben. Bedingungslose Liebe wird von Herz zu Herz strömen. Nur durch ein Leben in bedingungsloser Liebe wird die Menschheit besser werden. Wenn sich die Menschheit wandelt und ihr Bewußtsein verändert, wird großer Segen über jeden auf Erden kommen.

Viele Menschen auf der ganzen Welt beten für das Gute, für eine Besserung ihrer Situation und ihres Lebens. Diese Besserung kann sich auf das Ende eines Krieges oder die Beendigung eines Familienzwists beziehen oder auch auf die finanzielle Situation. Mehr und mehr Menschen beten für Gutes, für Verbesserung oder bitten um Unterstützung und

Hilfe, um sich zu bessern. Viele Menschen unternehmen Schritte und tun, was in ihrer Macht steht, um Frieden in ihre Familie zu bringen. Sie haben sich fest vorgenommen, ihre Süchte zu heilen, und helfen damit der Menschheit insgesamt, besser zu werden. Viele Menschen wenden sich mit neuer Hoffnung und Inbrunst wieder ihren Religionen zu. Viele Menschen auf der ganzen Welt versuchen sich zu bessern. Manche trachten danach, ihre finanzielle Situation zu verbessern, andere ihre Bildung und wieder andere ganz allgemein ihr Leben. Viele Menschen entwickeln sich weiter und bemühen sich um spirituelles Wachstum. Und noch viel mehr beten um Heilung der Gesellschaft und dieser Welt.

Die Bewußtwerdung davon, wie sehr ihr alle zusammenhängt und eins das andere beeinflußt, hat zugenommen. Mehr Menschen denken über ihr Leben nach. An vielen Orten auf der Welt existiert nun schon das Bewußtsein, wie sehr jeder einzelne Mensch seine Umgebung und den Planeten beeinflußt. Die Menschen wissen inzwischen, in welcher Notlage sich die Erde befindet. Jeder weiß, wie viele Menschen auf Erden leben, die dieselbe Luft atmen, das Wasser und die Mineralien miteinander teilen. Die Menschen nehmen einander zur Kenntnis, machen sich ihren Einfluß auf den Planeten und auf die gesamte Menschheit bewußt. Selbst die Ungebildetsten verstehen, daß sie sich mit anderen zusammentun und in ihrer Regierung, ihrer Umgebung und an ihrer mißlichen Lage Veränderungen vornehmen können. Viele unternehmen etwas und beten.

Es ist dieses Bewußtsein, es sind diese Entscheidungen und dieses Verständnis, das der gesamten Menschheit zugute kam. Die vielen Katastrophen, von denen ich euch in meinen früheren Botschaften berichtet habe, sind verzögert und in ihrer Wirkung derart vermindert worden, daß der

Menschheit eine Periode der Gnade gewährt wurde. Ihr werdet feststellen, daß euch die nächsten Jahre geschenkt werden, damit ihr vollkommen gerüstet und vorbereitet seid. Ihr werdet eine Frist von bis zu zehn Jahren haben. In dieser Zehnjahresperiode der Gnade wird es dennoch viele Stürme geben, und das Wetter wird weiterhin unstet und ungewöhnlich sein. Die Wetterverhältnisse und Naturkatastrophen werden Menschenleben fordern. Die Menschen werden weiterhin ihre Verwunderung über das verrückte und ungewöhnliche Wetter zum Ausdruck bringen. Wissenschaftler werden viele Erklärungen abgeben, aber keiner wird genau erklären können, was mit Mutter Natur vor sich geht.

Ich möchte, daß die Menschen auf alle Eventualitäten vorbereitet sind. Es ist mein tiefer Wunsch, daß ihr auch weiterhin auf jeden Notfall, der auftreten könnte, gefaßt seid. Wenn ihr vorbereitet bleibt, sowohl spirituell als auch physisch, seid ihr dazu in der Lage, anderen zu helfen. Dann seid ihr bereit, das Eure zu tun, um Ruhe und Frieden in chaotischen Situationen zu bewahren und auf andere zu übertragen; seid wahrhaftig bereit, der Menschheit zu dienen, denn damit dient ihr auch Gott.

Das Jahr 2012 wird ein Jahr der ungeheuren Veränderung sein, die alle Bereiche eures Lebens erfassen wird. Zwischen jetzt und diesem Jahr der Veränderung werden viele Menschen eine neue Wahrnehmung und ein neues Verständnis entwickeln. Viele Menschen werden die innere Heilung durch einen friedvollen Zustand der Seele suchen und finden. In dieser Zeit rufe ich euch, meine erwachten Kinder, dazu auf, eure Gebete zu mehren, damit diese Gnadenfrist zu ihrer vollständigen Dauer von fünfzehn Jahren ausgedehnt werden kann. Betet, daß die Bevölkerung dieser Welt sich der Schäden, die Krieg und Gewalt auf die

Umwelt und die innere Welt der Seele haben, bewußt wird. Betet, daß noch mehr Menschen ihre Augen für die Freuden öffnen, die ein spirituelles Leben auf Erden für sie bereithält. Betet, daß die Menschen ihre Ohren öffnen und den Aufruf des Geistes zu einer Heilung der Seele vernehmen. Betet, daß Familien lernen, in Frieden zu leben, und daß alle Gewalt in Familien von der Erde verschwindet. Betet, daß sich die Kinder ihres vollen Potentials bewußt werden. Betet für Lehrer und Eltern. Betet, daß sie Frieden und bedingungslose Liebe durch das Beispiel ihres persönlichen Lebens sowie der Kunst und Wissenschaft lehren mögen.

Ihr habt es so gut gemacht, meine Kinder. Es ist eine neue Herausforderung, die ich euch bringe. Es ist die Herausforderung, euer Leben so zu leben, daß Menschen, die blind sind, die Schönheit der Seele sehen können. Es ist die Herausforderung, andere zu lehren, wie man liebt, indem ihr euch selbst und alle Menschen bedingungslos liebt. Es ist die Herausforderung, das Beste in euch zu entwickeln, das zu werden, als das ihr geschaffen wurdet; nicht von außen nach innen, sondern von innen nach außen. Ihr müßt euch selbst bedingungslos lieben und vergeben und auf diese Art auch eure Nächsten lieben und ihnen vergeben. Weitet diese anerkennende und akzeptierende Liebe auf jeden Menschen aus, der in euer Leben tritt.

Macht euch nicht so viel Sorgen um die äußerlichen Dinge in eurem Leben; um das, was ihr eßt, was ihr trinkt, was ihr anzieht oder wie ihr ausseht. Seid mehr betroffen von dem, was an eurem Herzen frißt, was ihr vor euch selbst verbergt, welche Süchte und Zwänge euch von eurer spirituellen Verbindung fortziehen und wie ihr in eurer Herzensmitte ausseht. Wenn ihr für das Innere sorgt, für euer Herz und euren Geist, dann und nur dann werden die äußeren

Bereiche für sich selbst sorgen. Betet darum, stets liebevoll zu sein, nicht nur äußerlich wie eine liebevolle Person zu erscheinen, sondern von innen her eine liebevolle Seele zu sein. Menschen können eine Zeitlang die reizende Maske einer liebevollen Person aufsetzen, aber das wirklich liebevolle Herz zeigt sich mitten im größten Zorn und in der größten Not. Ein spiritueller Mensch wird im Chaos die Ruhe bewahren und tapfer und mutig auch in der größten Angst bleiben.

Seid nun noch wachsamer in dieser gesegneten Zeit der Gnade. Laßt euch von eurer inneren Stimme zeigen, wie ihr euer Herz ausheilen könnt. Erlaubt eurem Geist, euch zu einem Leben hinzuführen, das erfüllt ist von der Freude bedingungsloser Liebe, dem Frieden einer vergebenden Seele und der Schönheit eines bereitwilligen Geistes. Ich liebe euch, und ich bin stolz auf euch, meine getreuen Kinder.

Maria, die Mutter Jesu

Lesen Sie auch von derselben Autorin:

Marias Botschaft an die Welt

ISBN 3-924161-62-3

und

Marias Botschaft an unsere Familien

Band 1
ISBN 3-89568-004-4

Band 2
ISBN 3-89568-015-X

erschienen im ch. falk verlag